The color is fundamental for the painting of Gun Mattsson. But in the main she is attentive to every aspect of human life, in the present and in the past and to the relationship of man with the surrounding environment.Her representations are characterised by effusing light on the characters, that goes beyond the usual and which aims to capture the aspect of their interiority, their actions, their being. Gun Mattsson is rich in both themes and artistic expression so she makes each work a story-adventure to discover new aspects.

Il colore è fondamentale per la stesura pittorica di Gun Mattsson, attenta ad ogni aspetto della vicenda umana nel presente e nel passato e del rapporto dell'uomo con l'ambiente circostante. Le sue rappresentazioni sono caratterizzate da un tratteggio dei personaggi che esula dal consueto e che mira a cogliere l'aspetto della loro interiorità, delle loro azioni, del loro essere. Gun Mattsson è ricca sia di tematiche sia di parola artistica si da rendere ogni opera un racconto-avventura alla scoperta del nuovo.

Dino Marasà

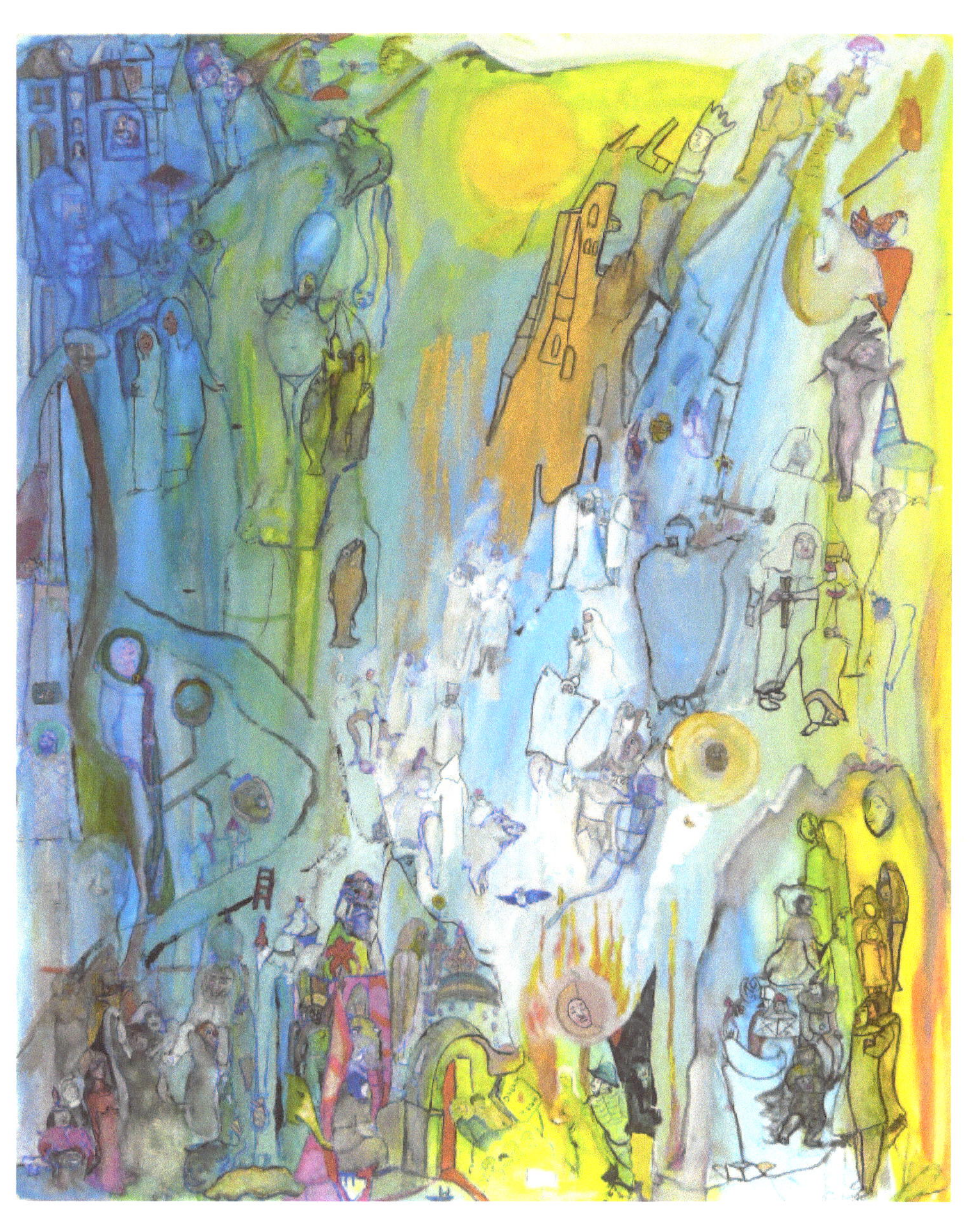

PORTRAIT OF A LONELY PLANET

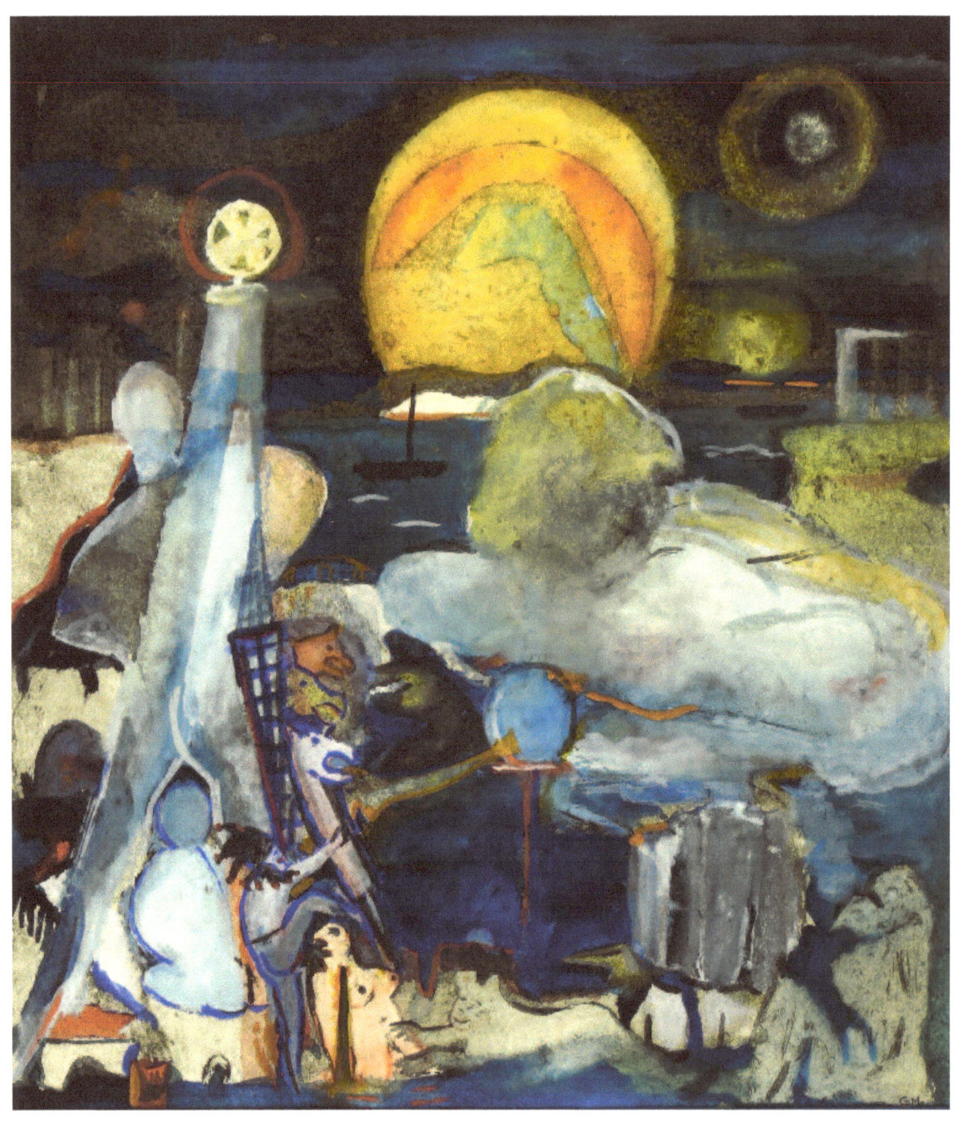

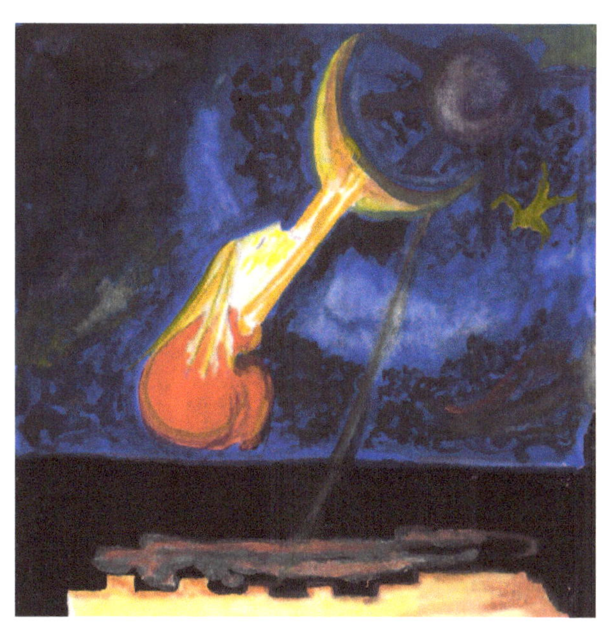

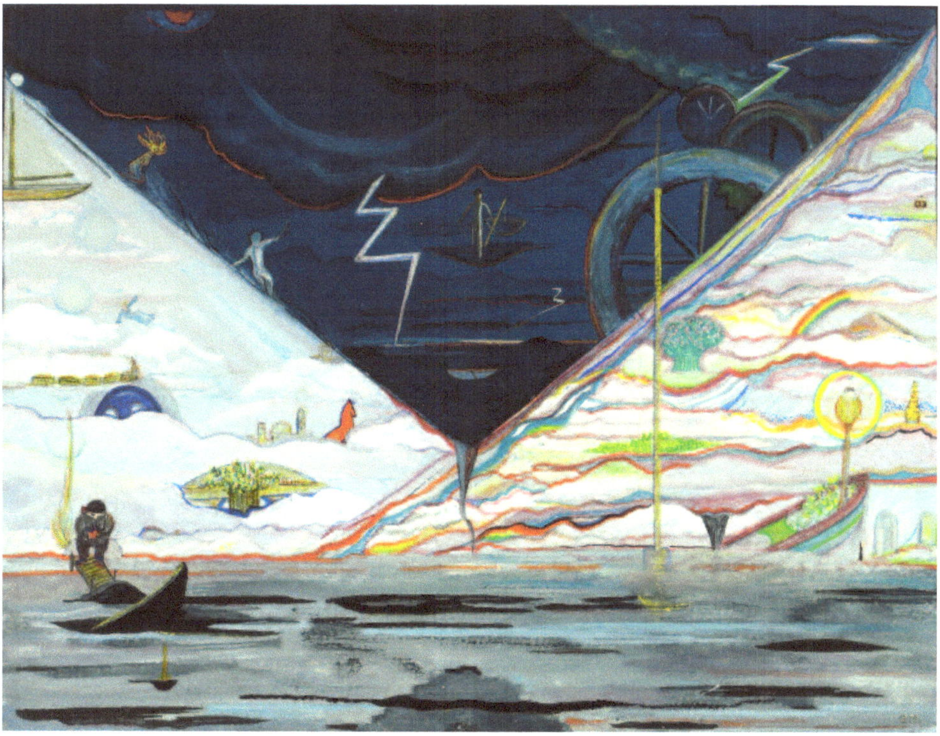

PORTRAITS OF ANCIENT TIMES

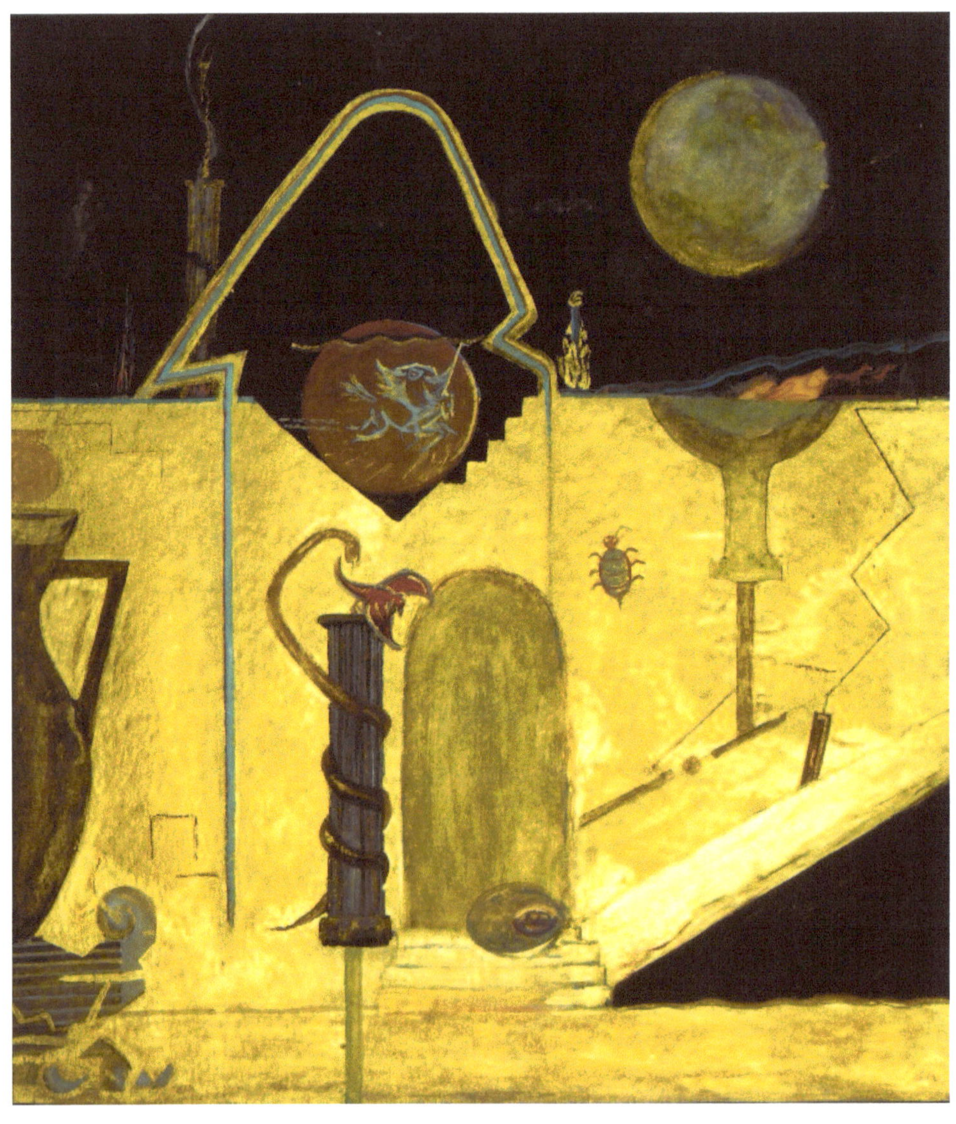

4

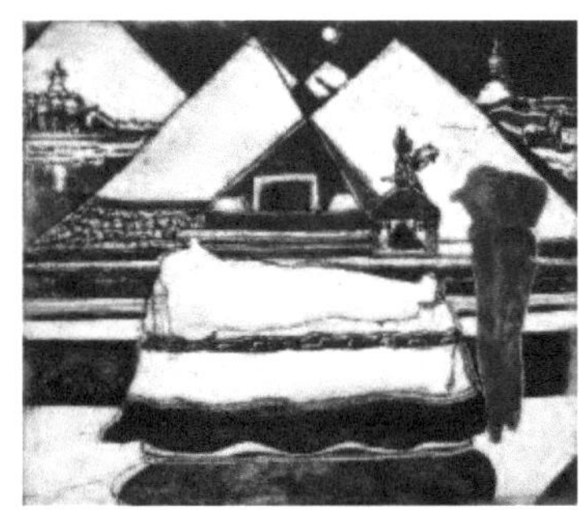

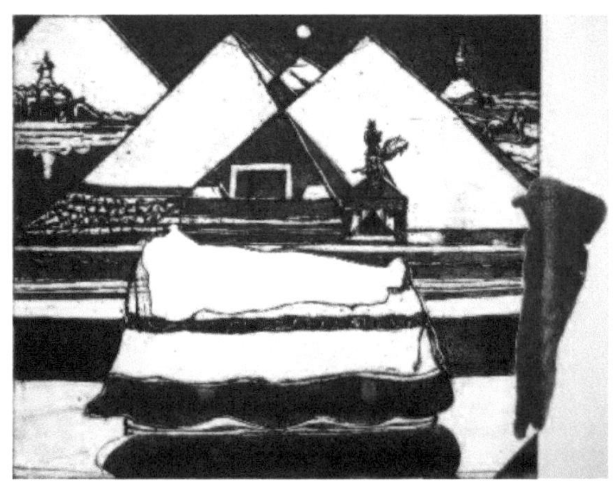

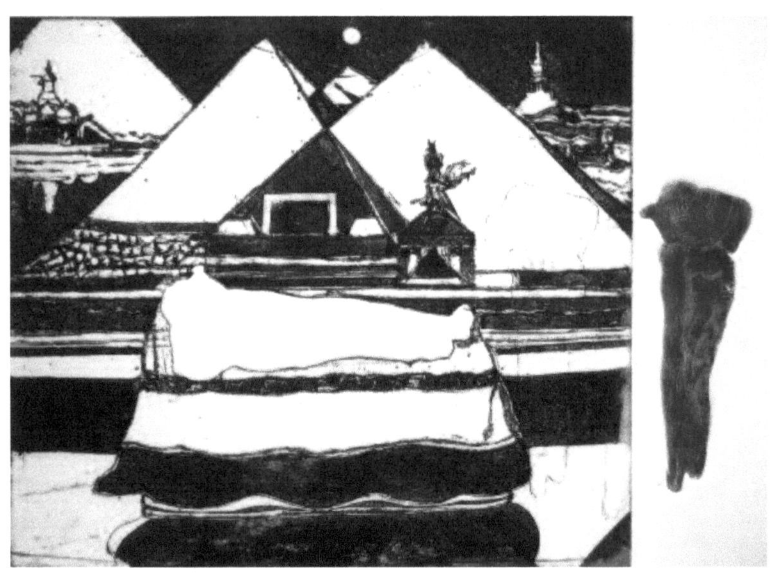

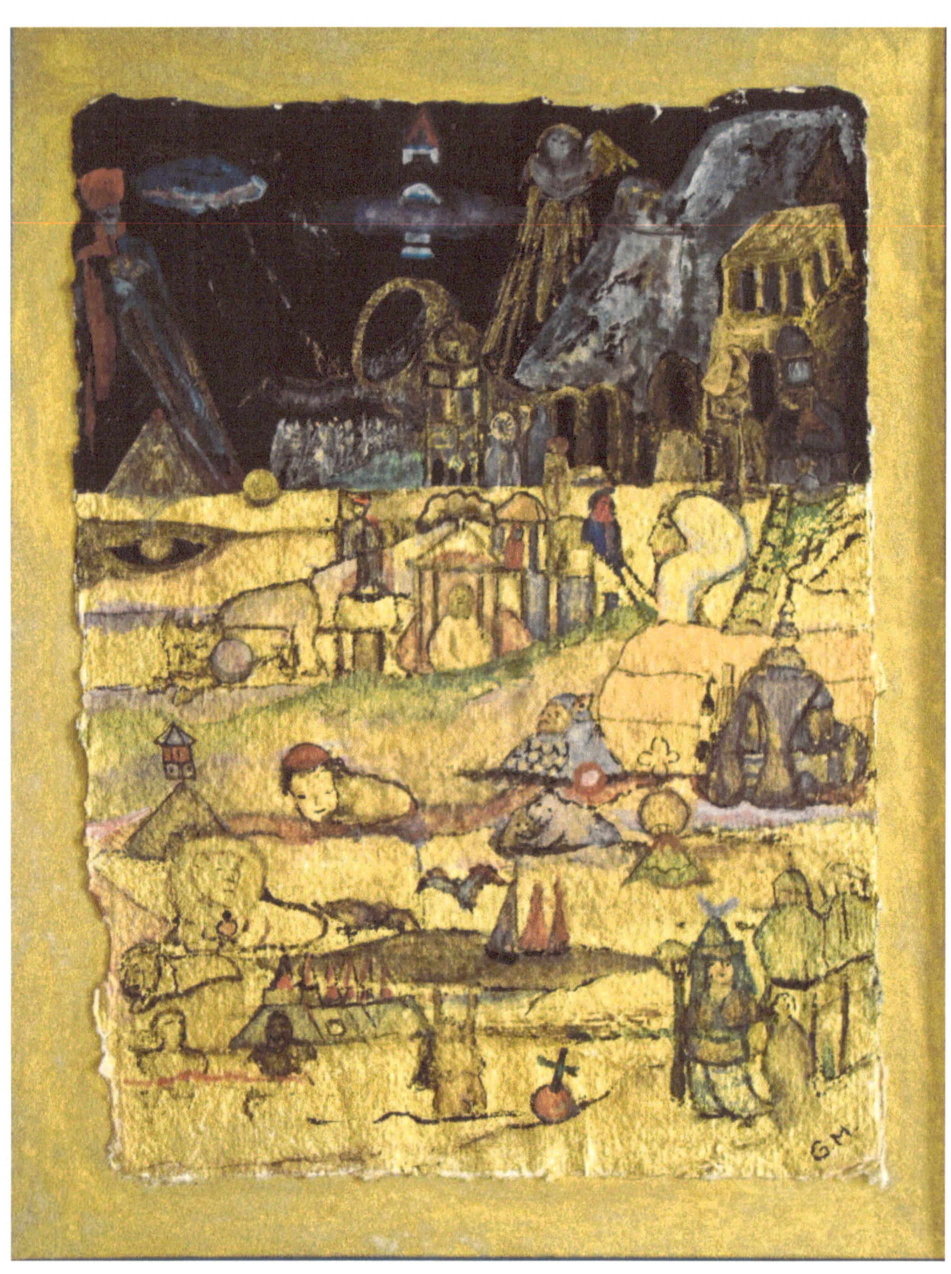

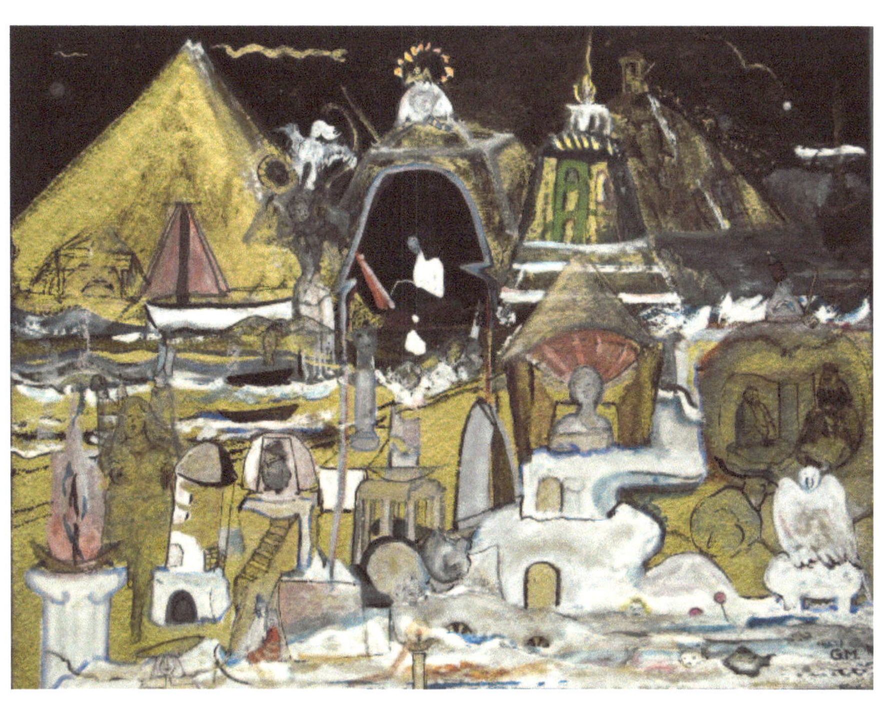

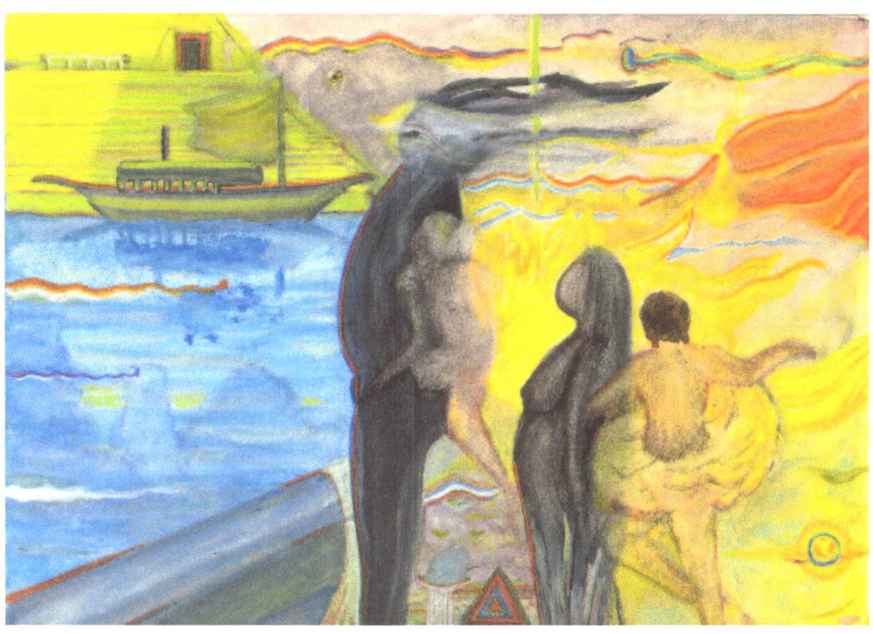

PORTRAIT OF MOSES

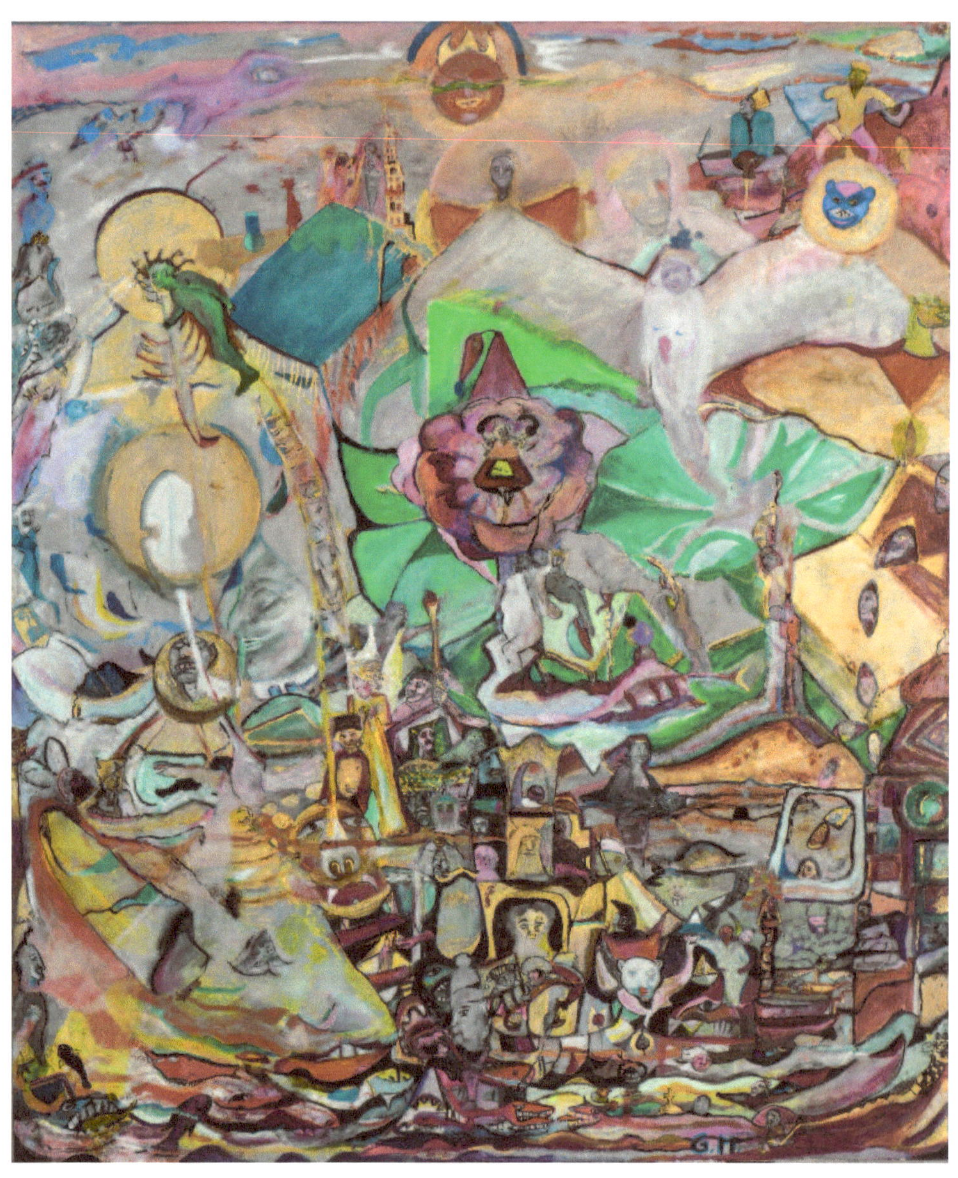

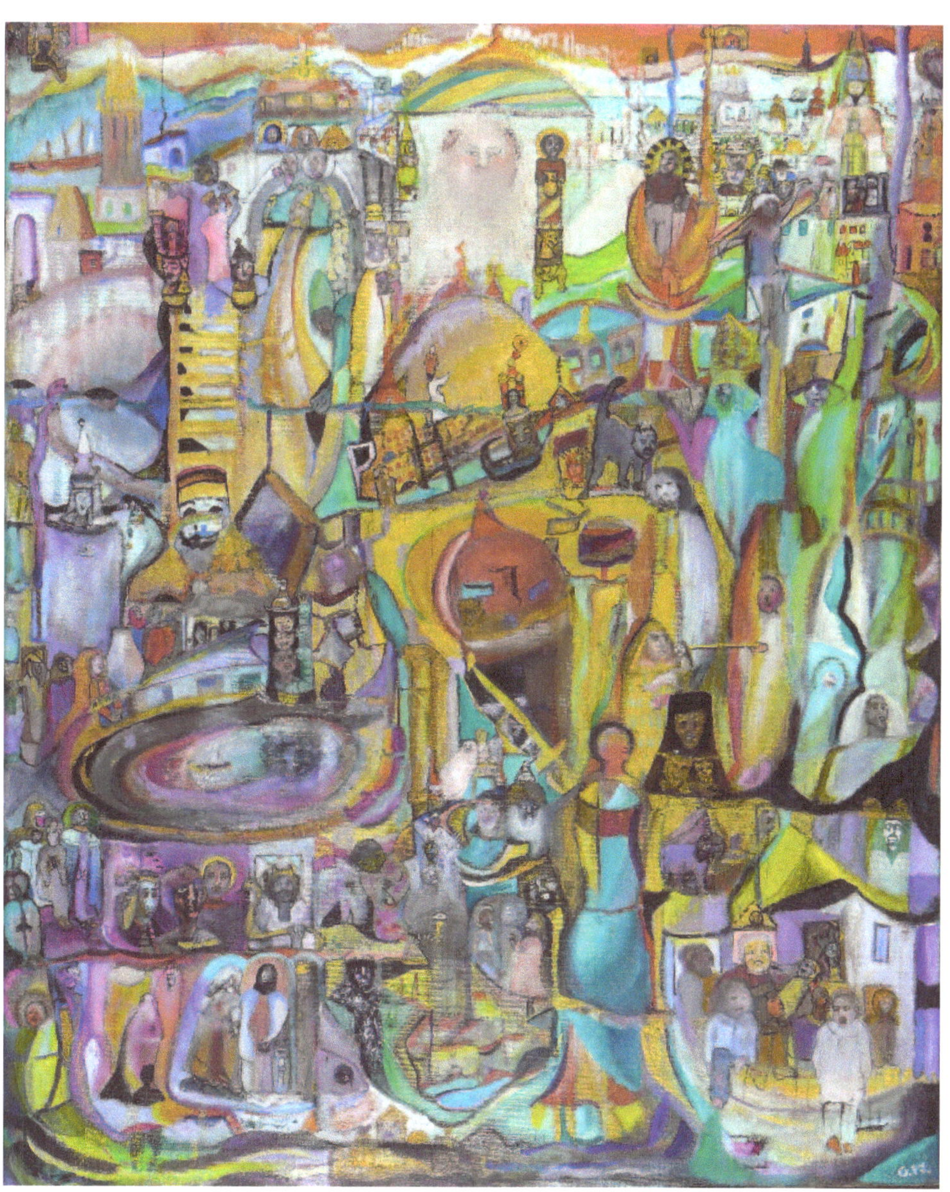

PORTRAITS OF ONE BIG NATION

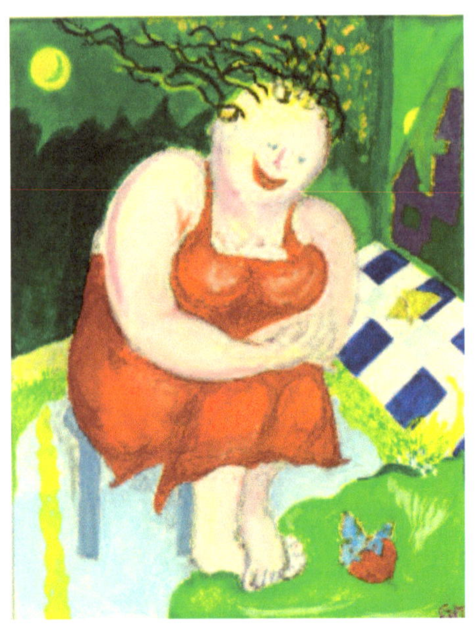

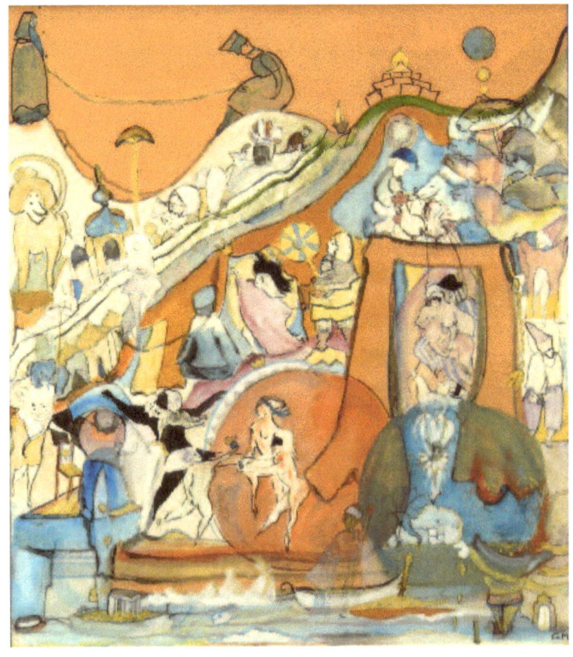

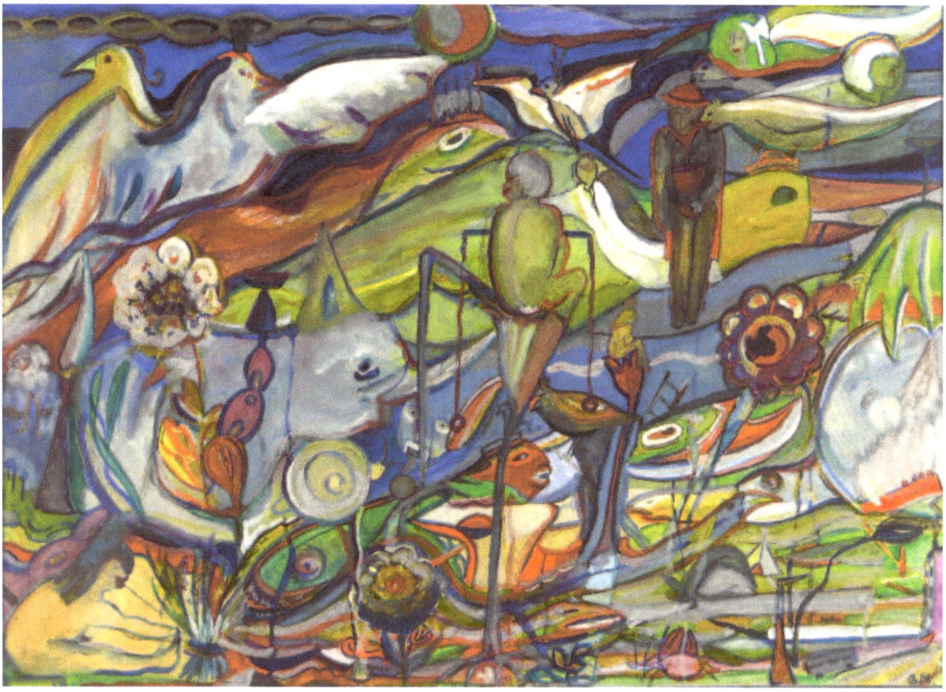

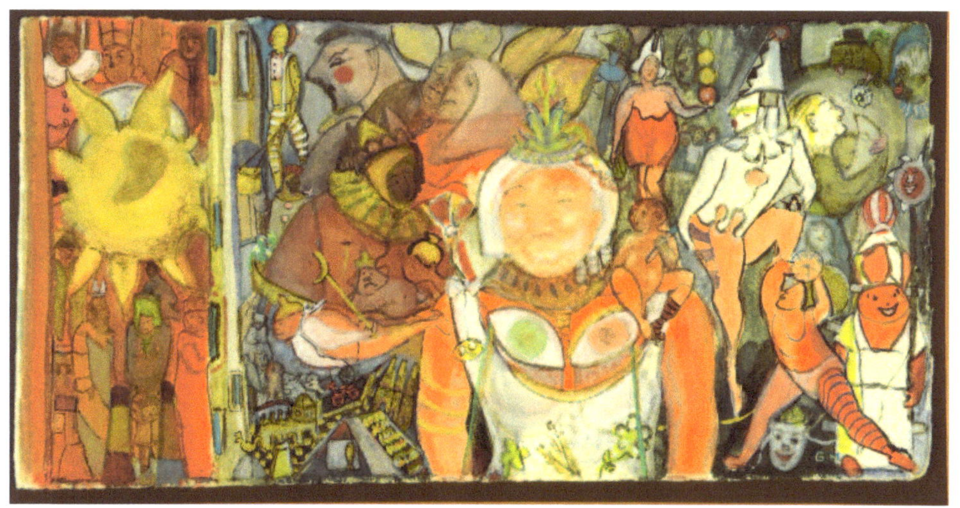

PORTRAITS OF TWO BIG NATIONS

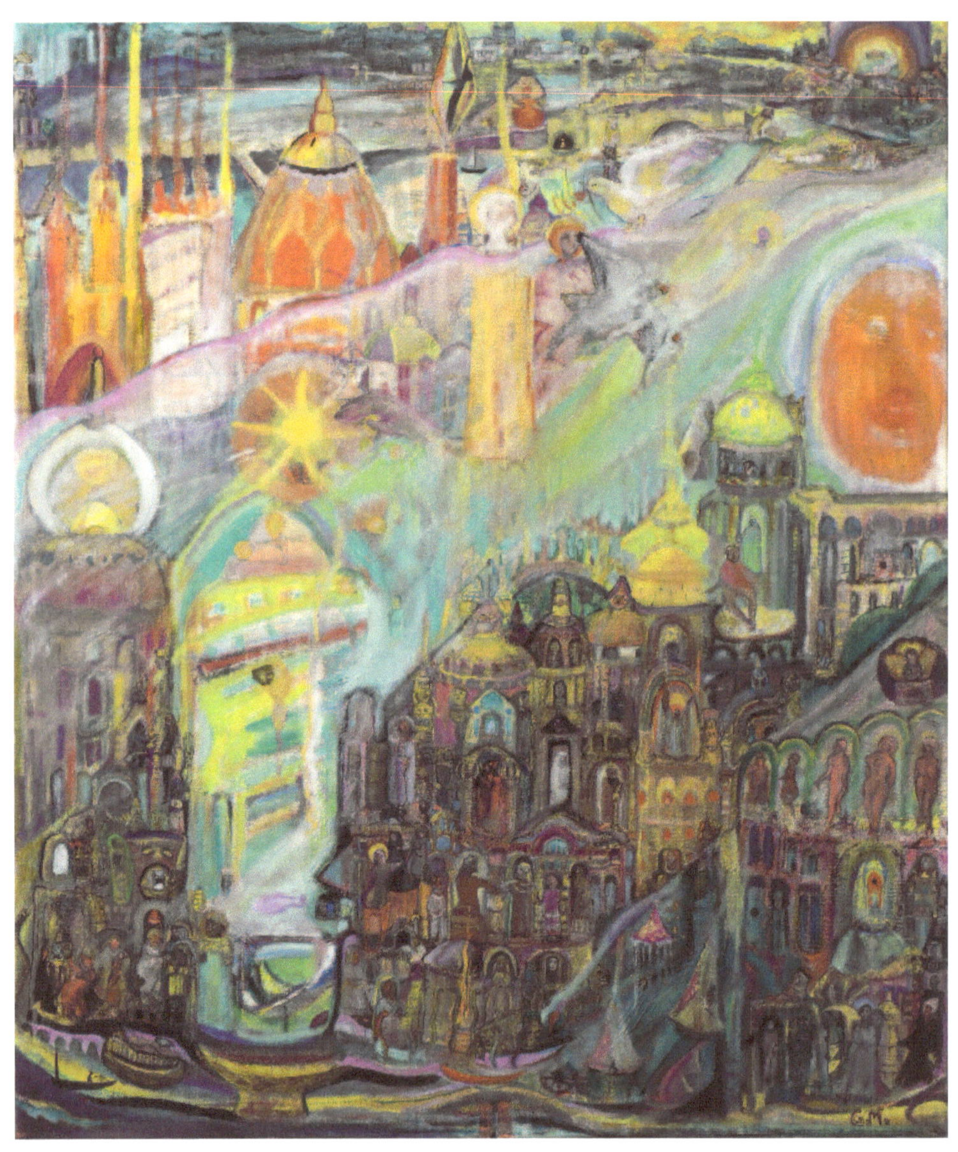

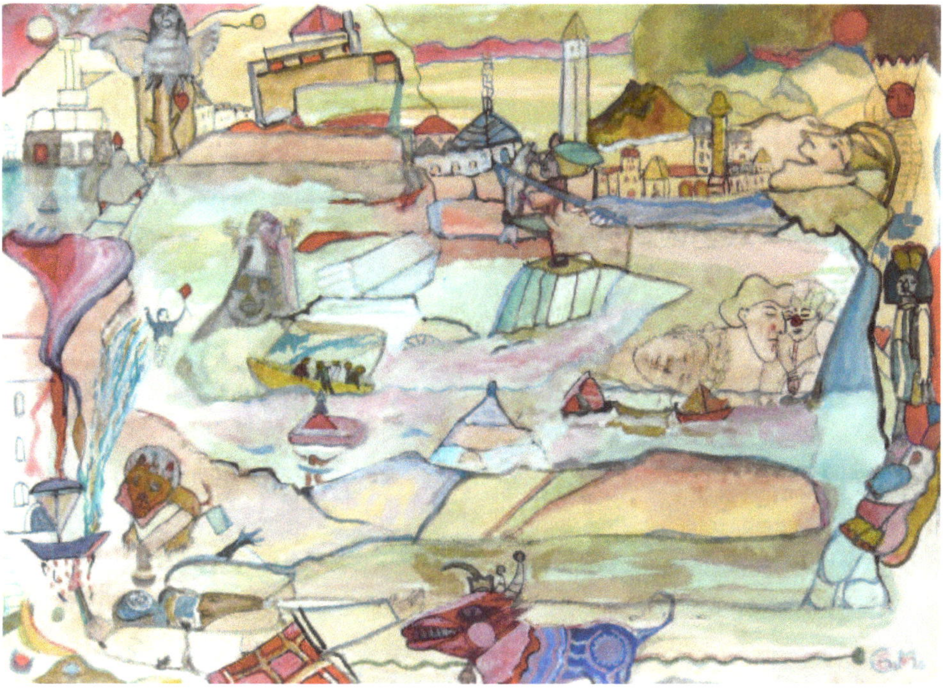

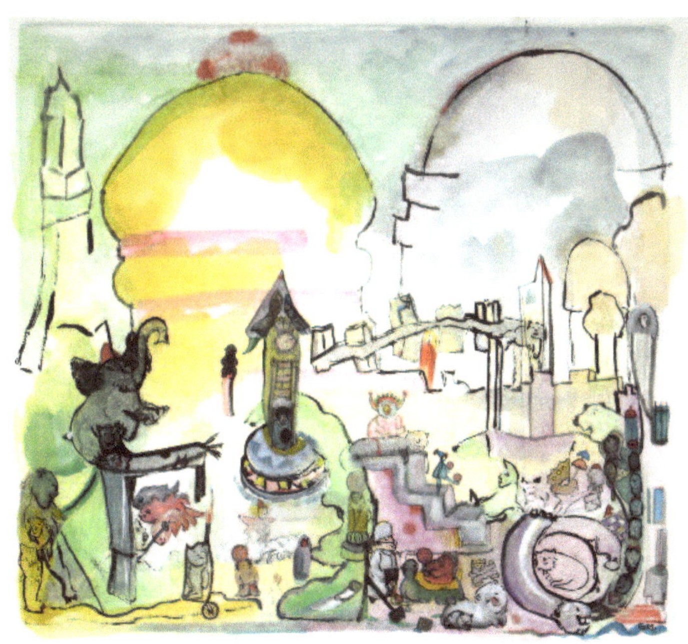

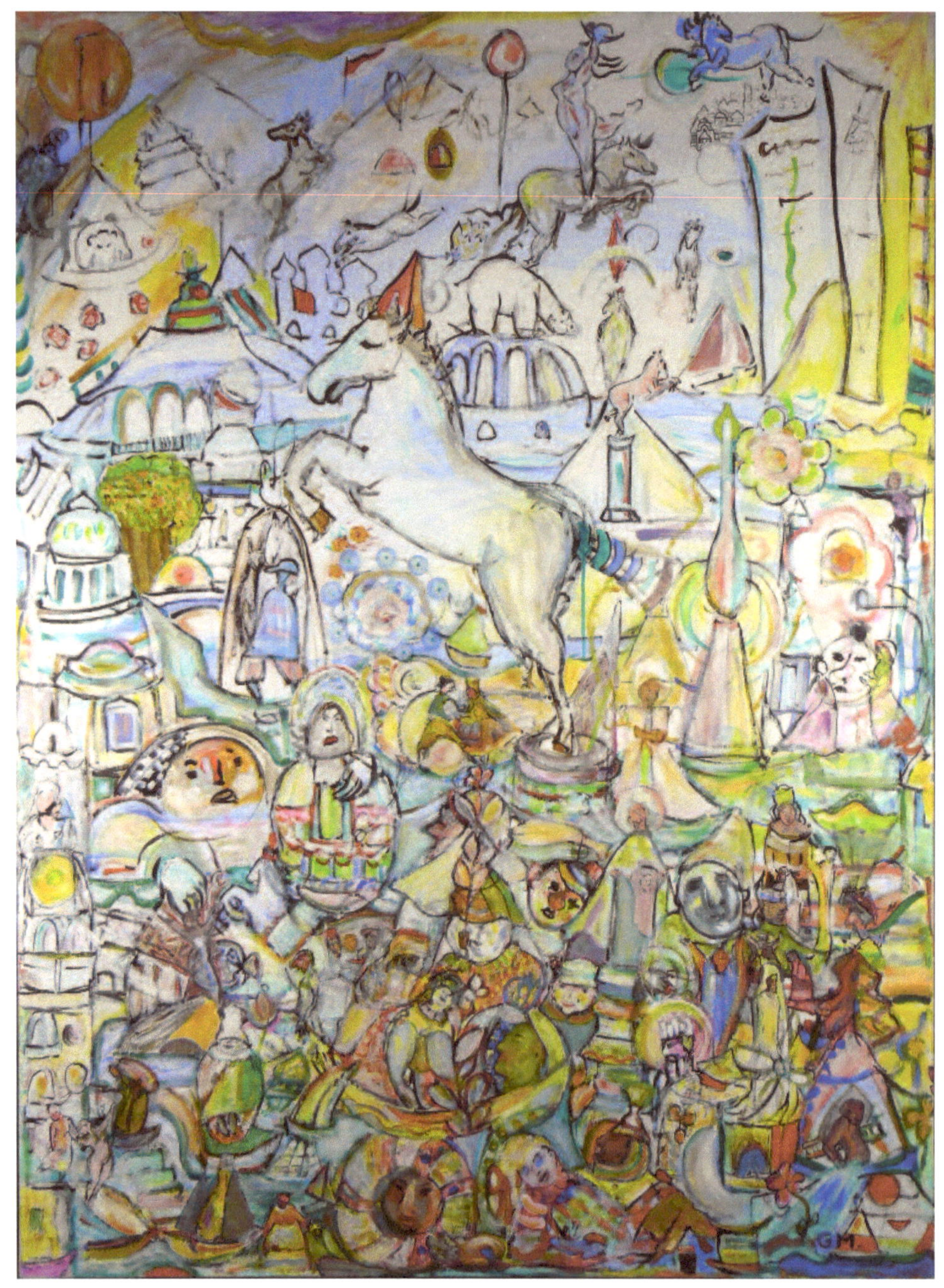

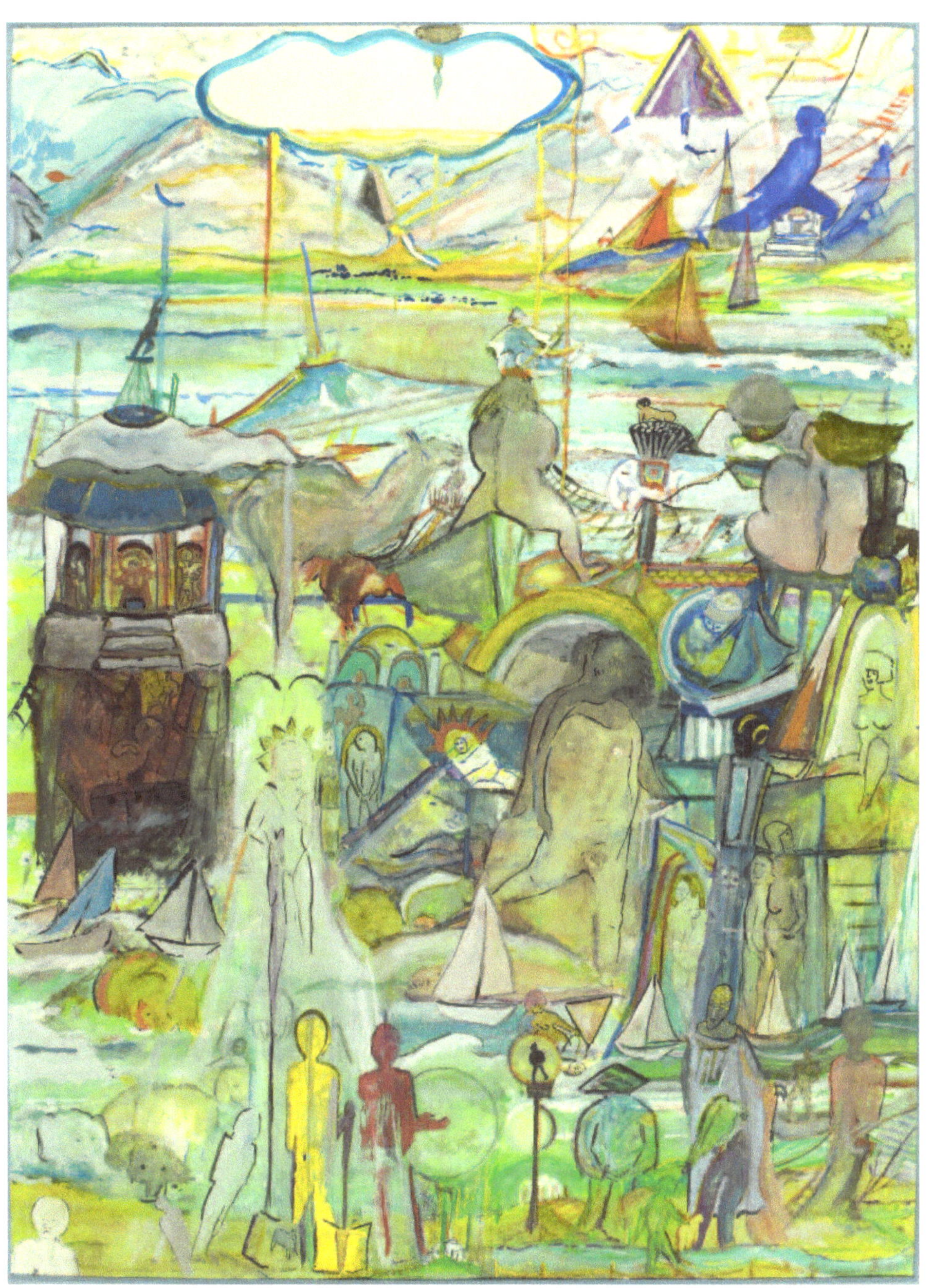

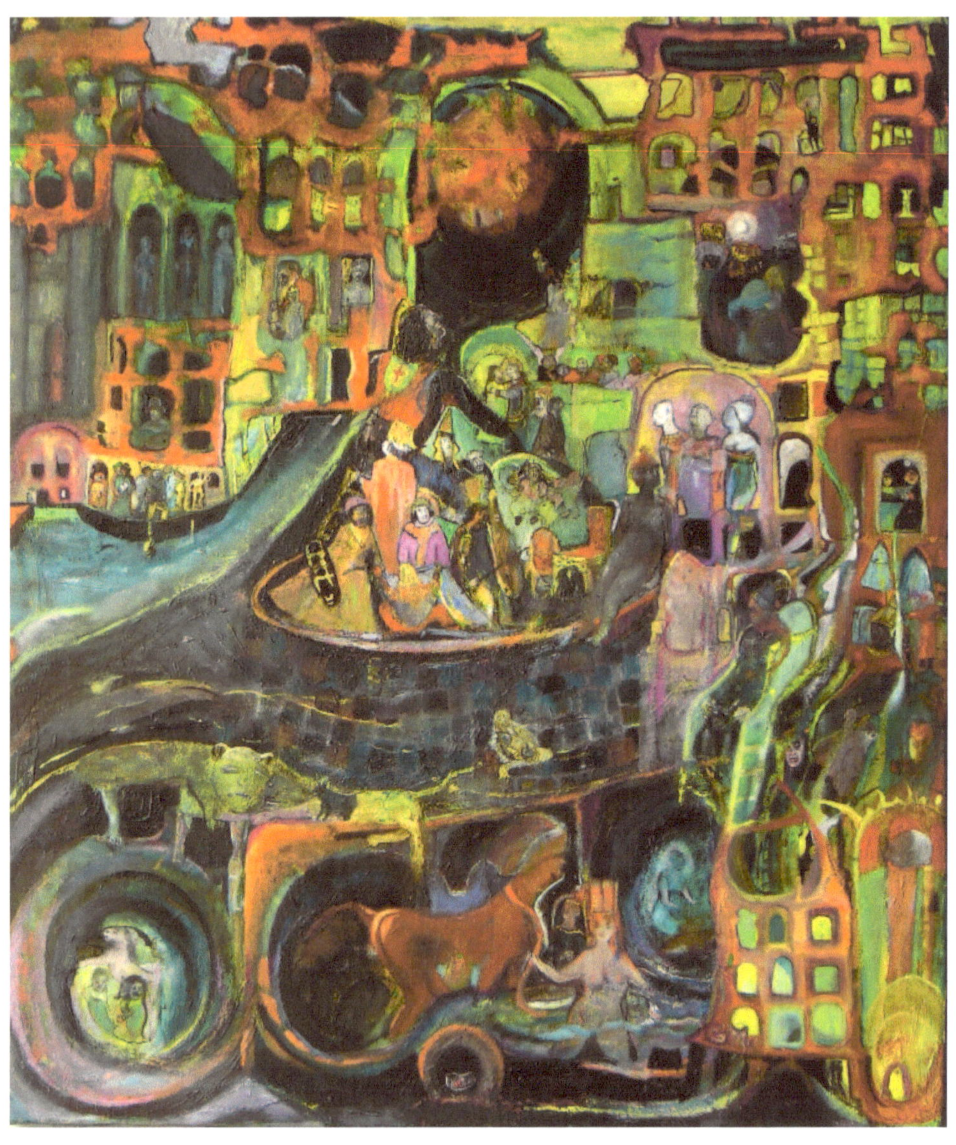

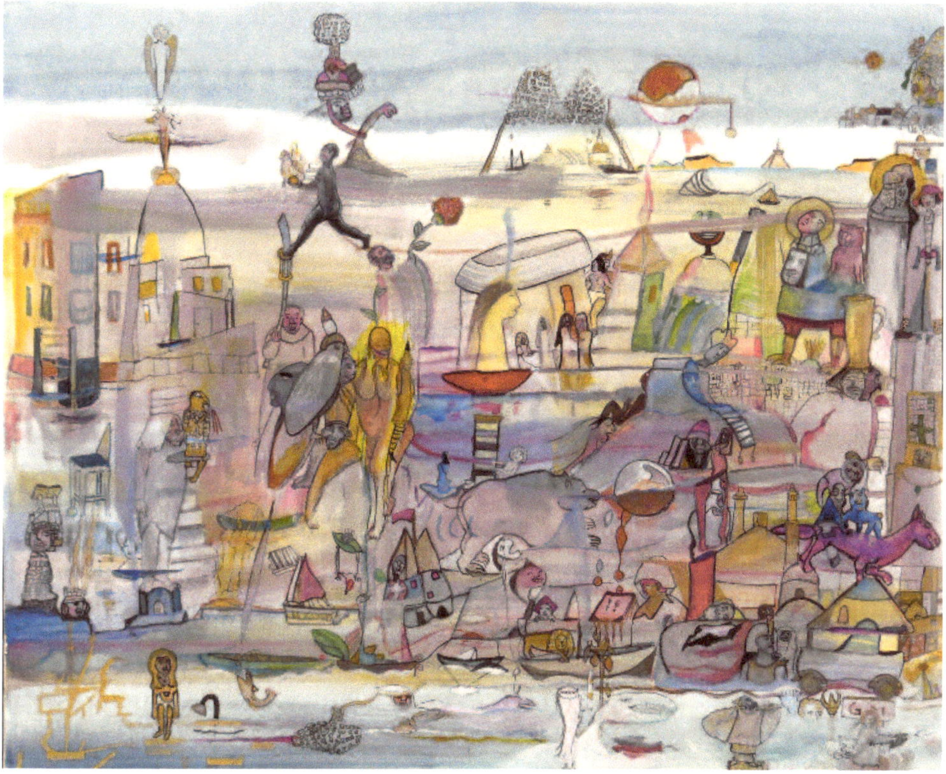

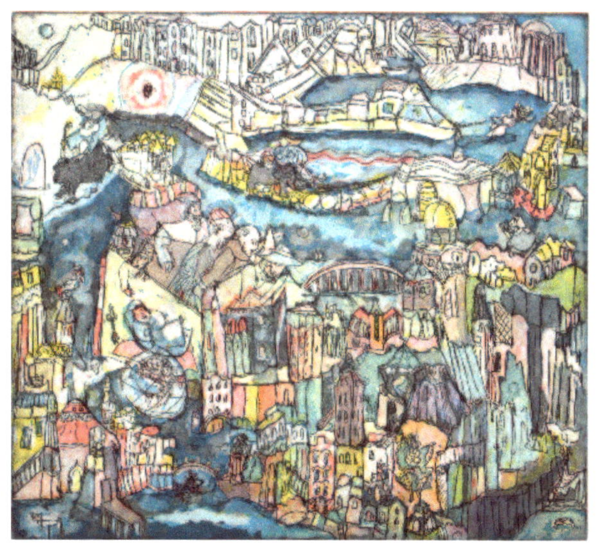

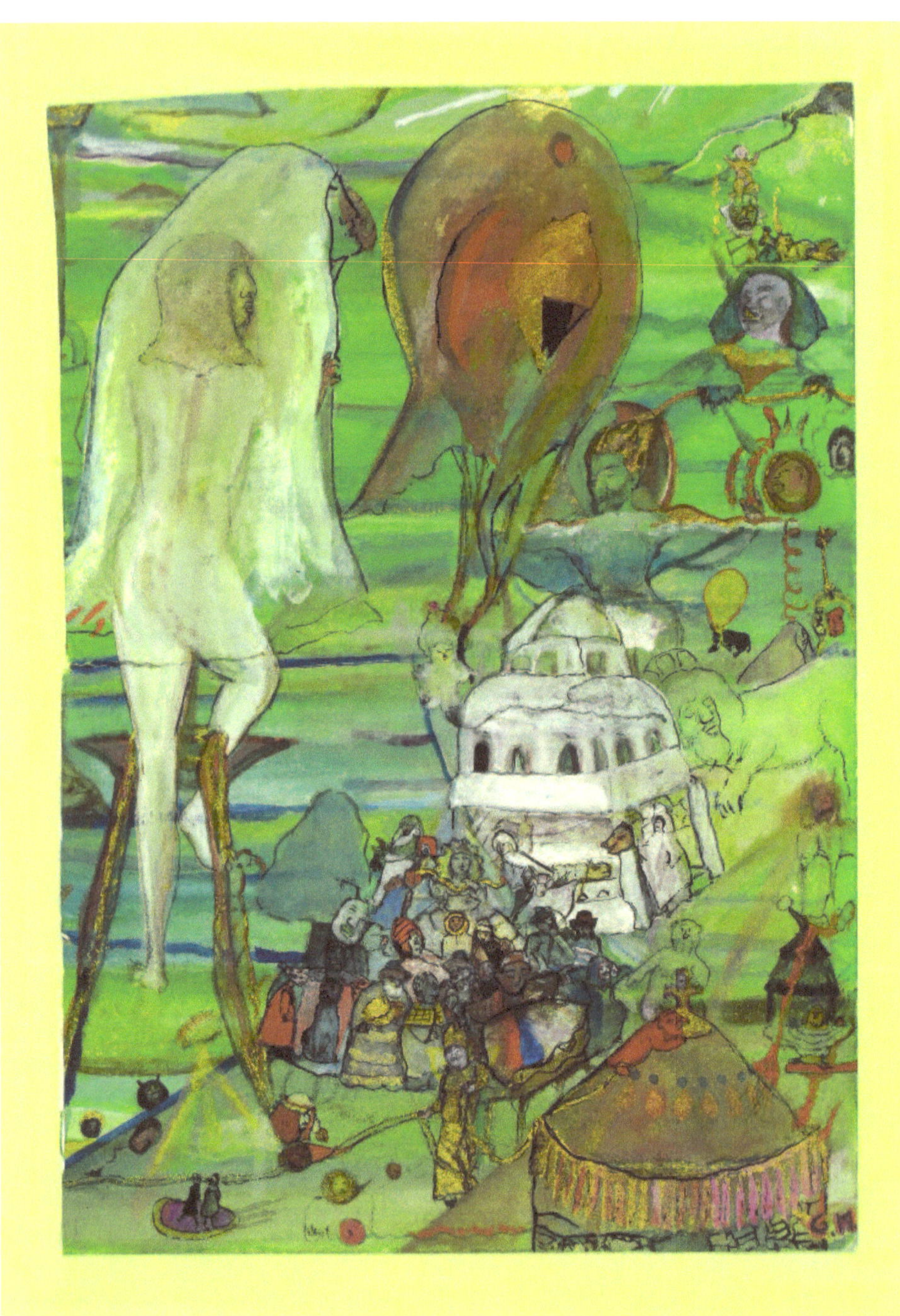

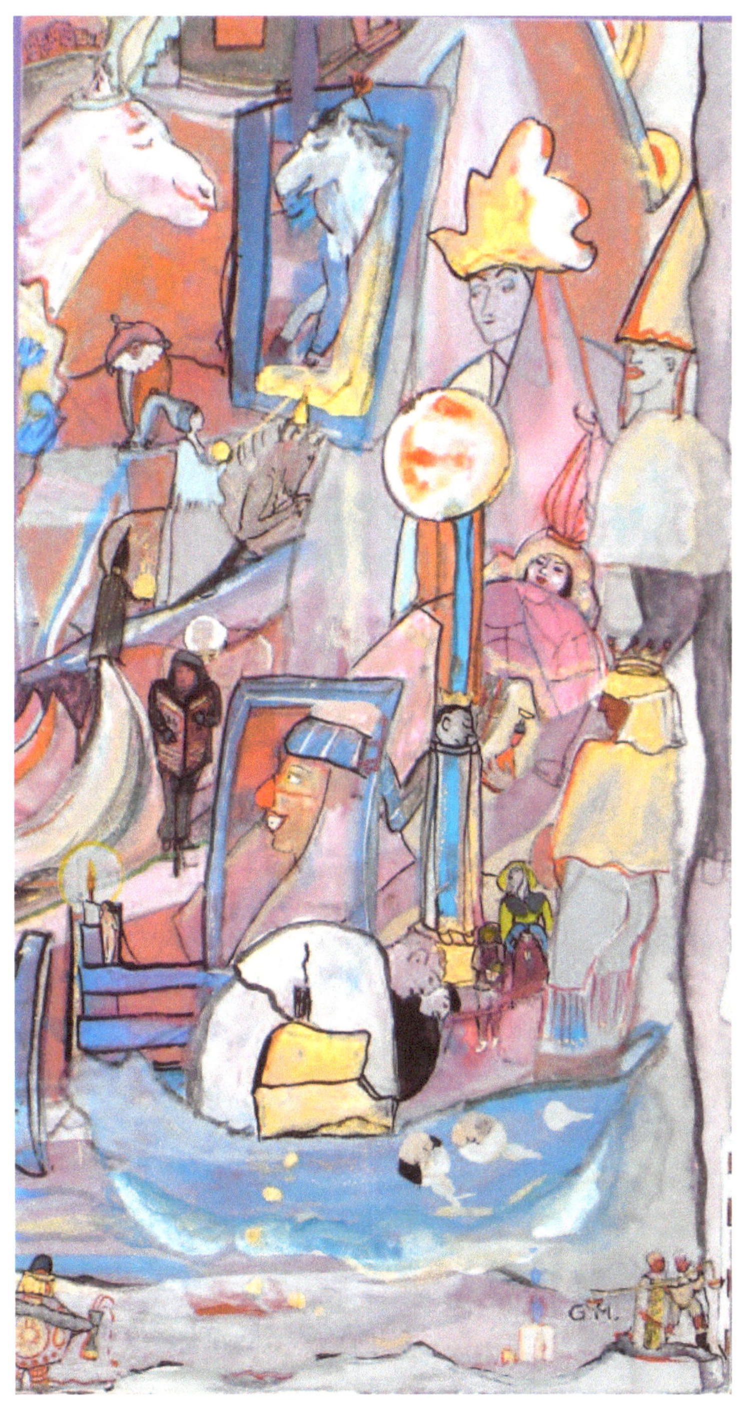

PORTRAITS OF ONE BIG CONTINENT

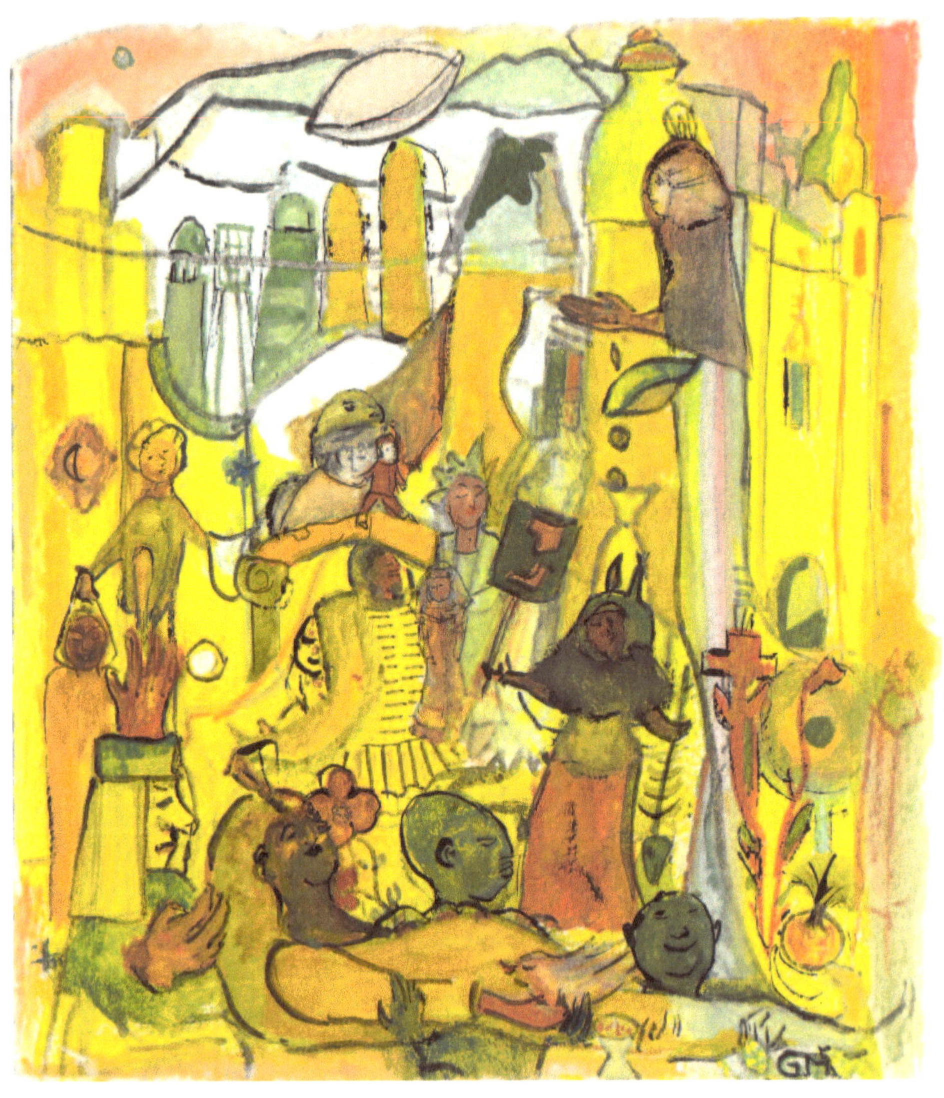

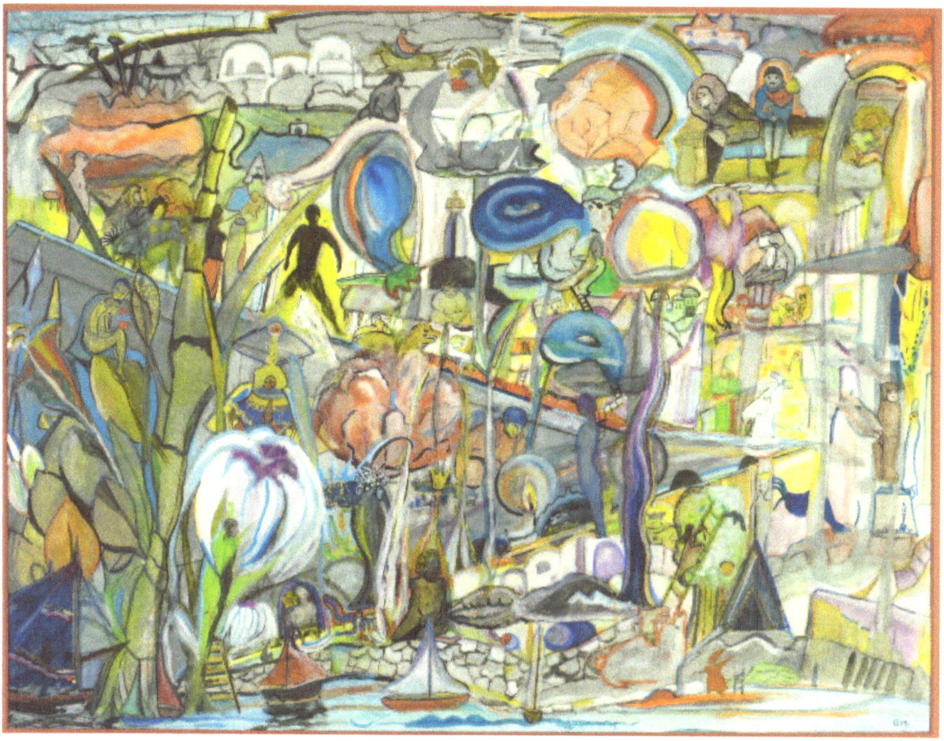

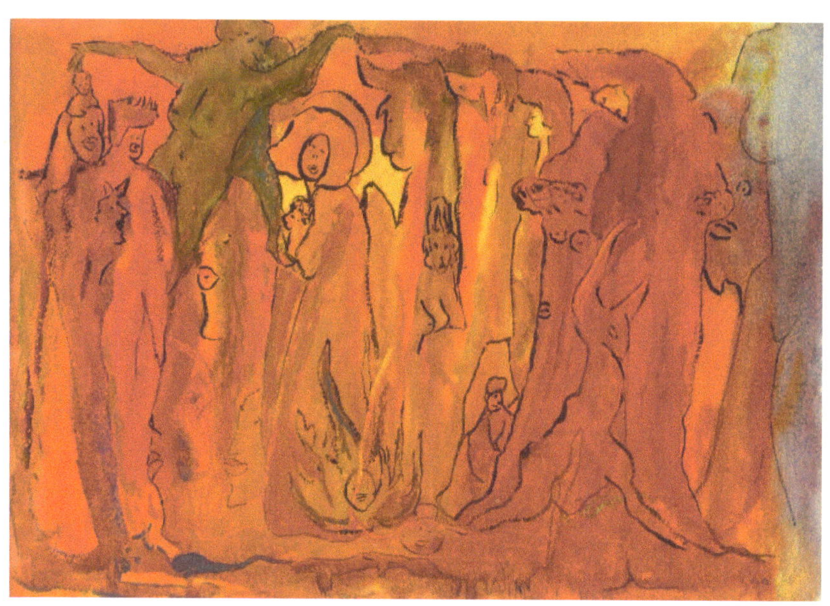

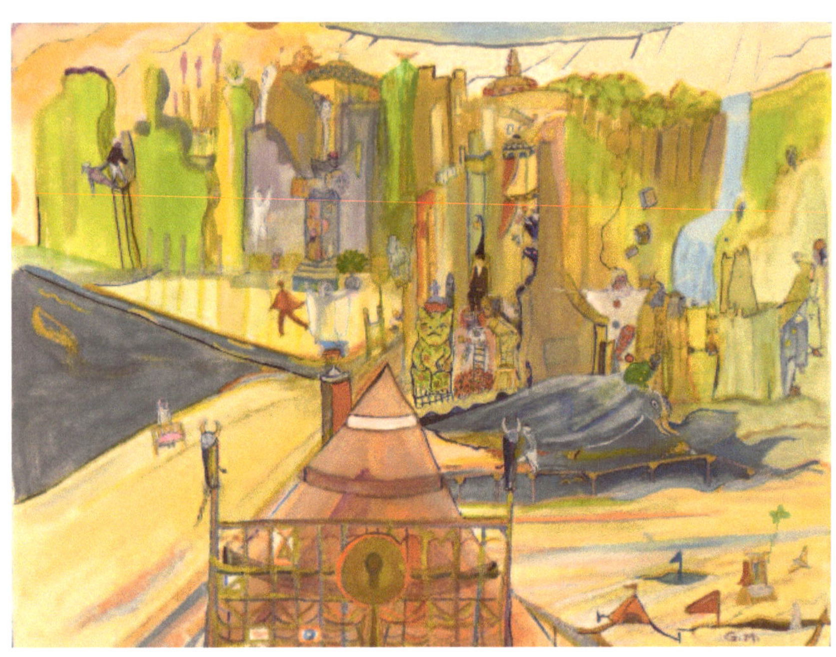

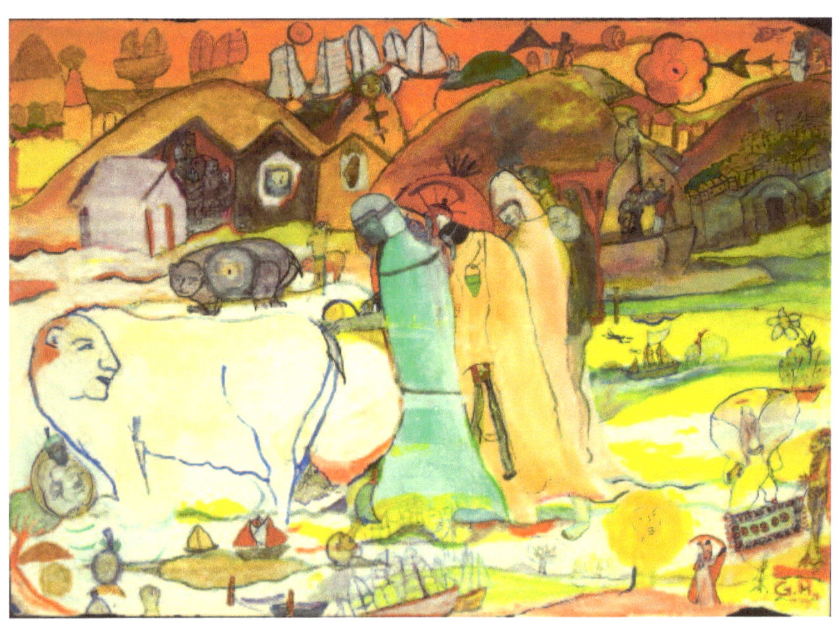

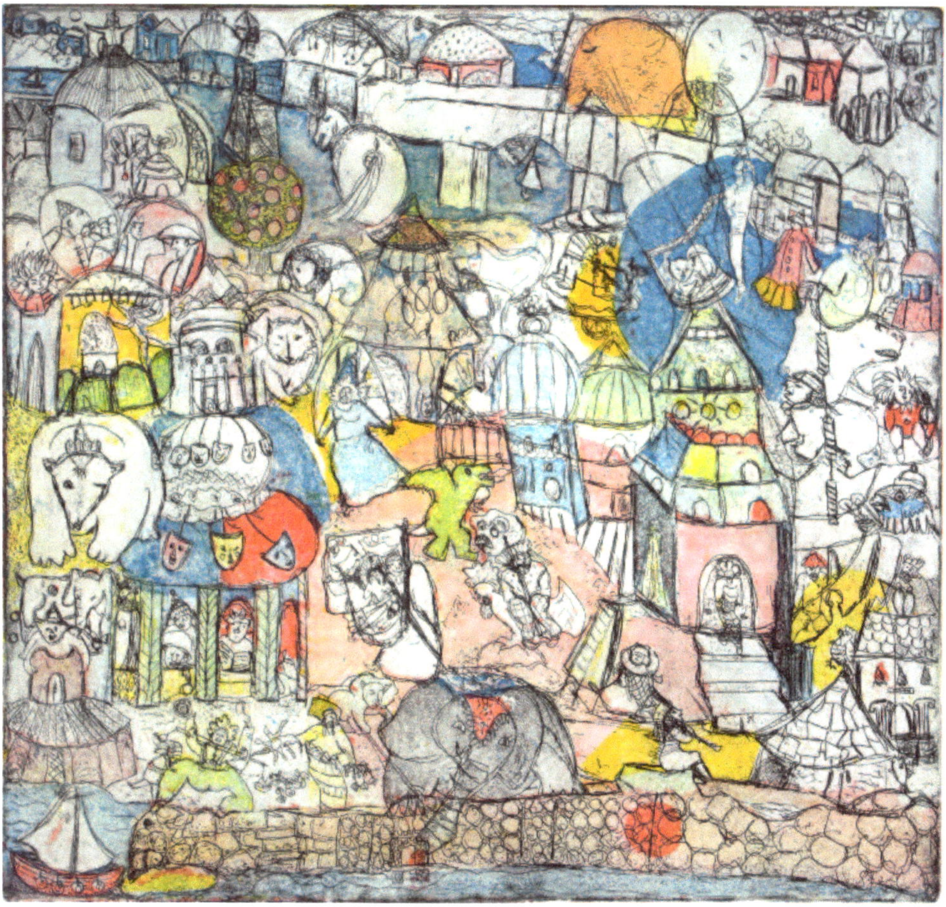

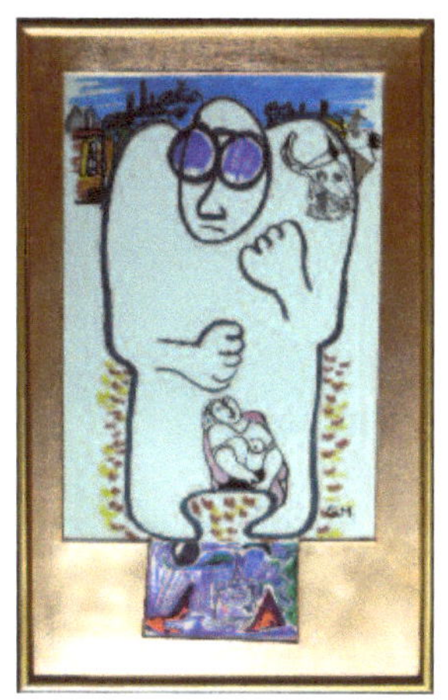

24

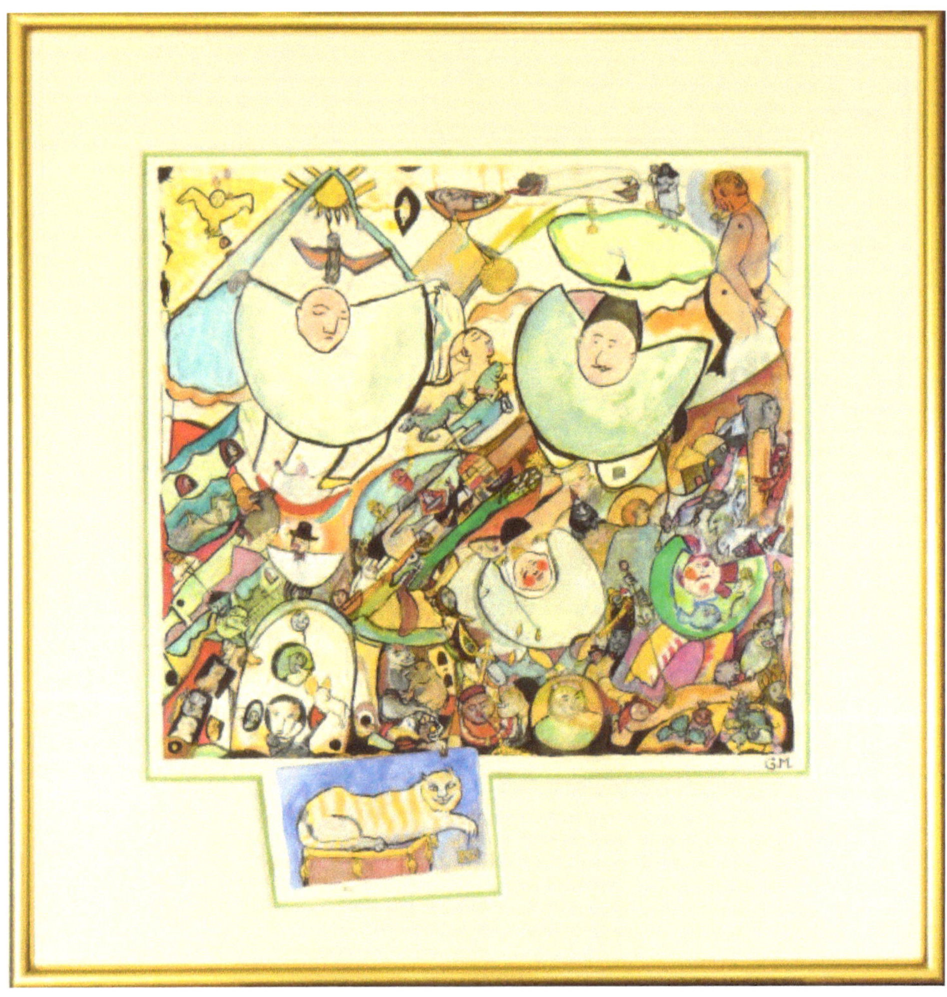

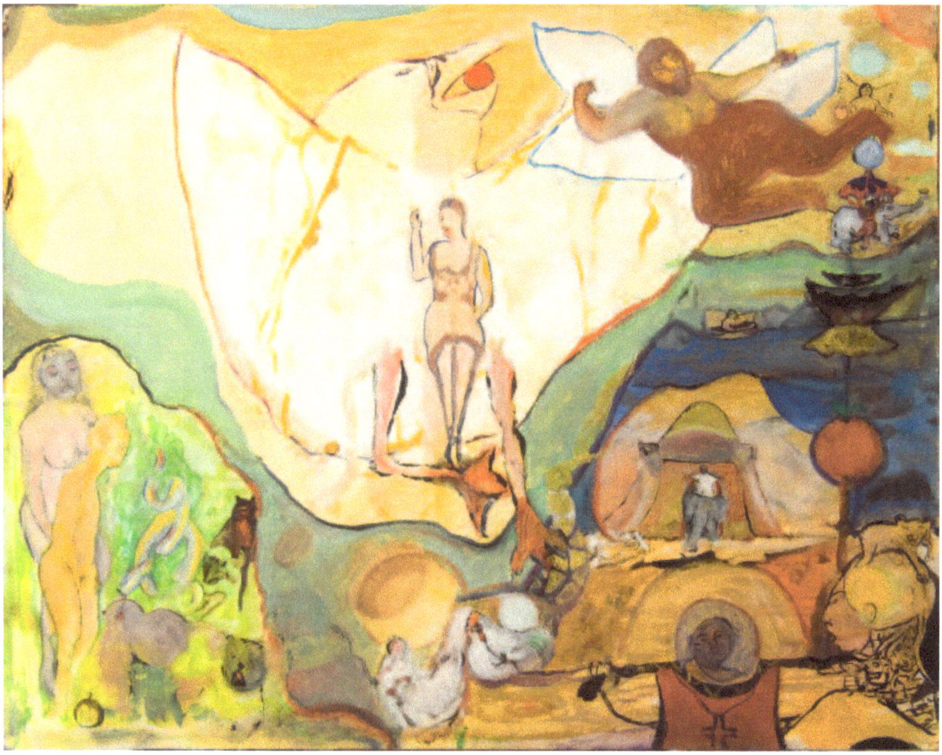

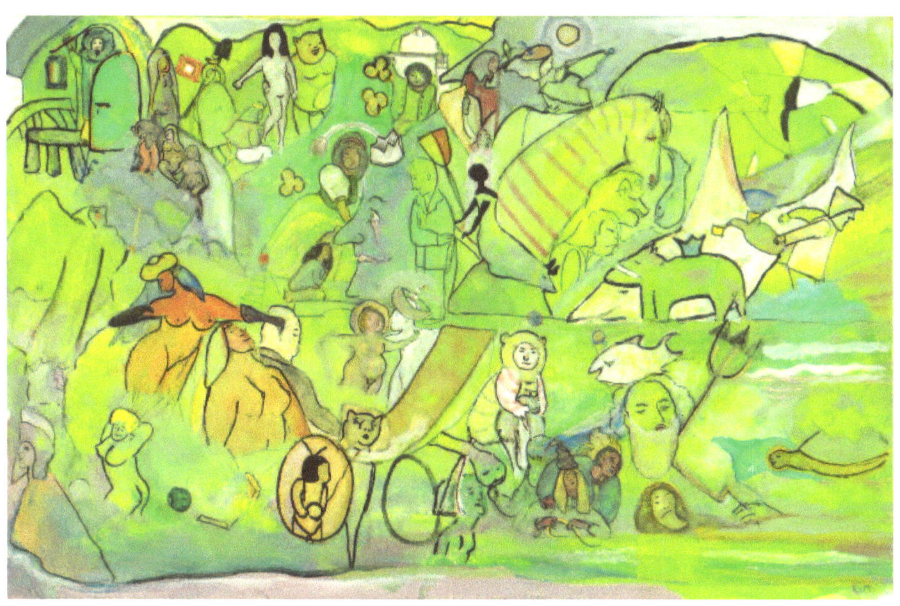

PORTRAITS OF THE LIFE CIRCUS

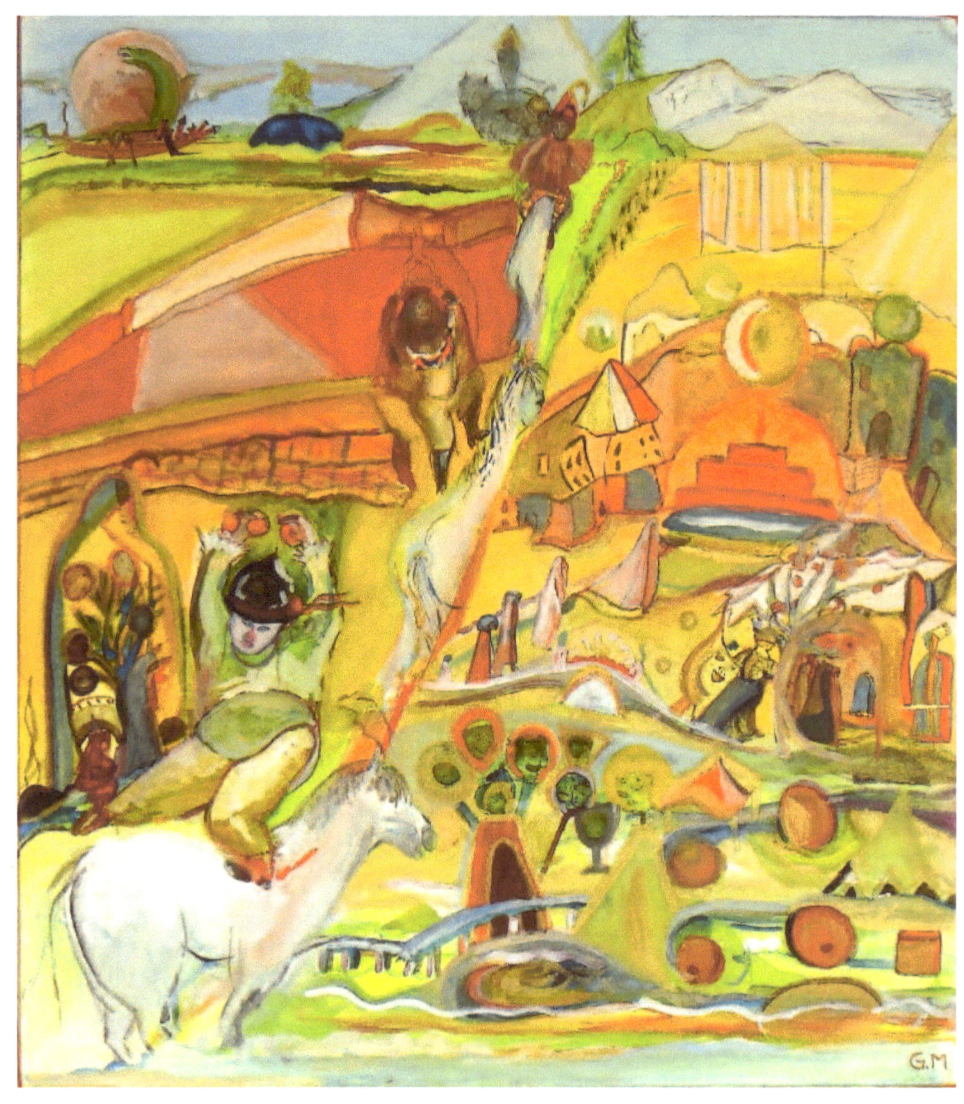

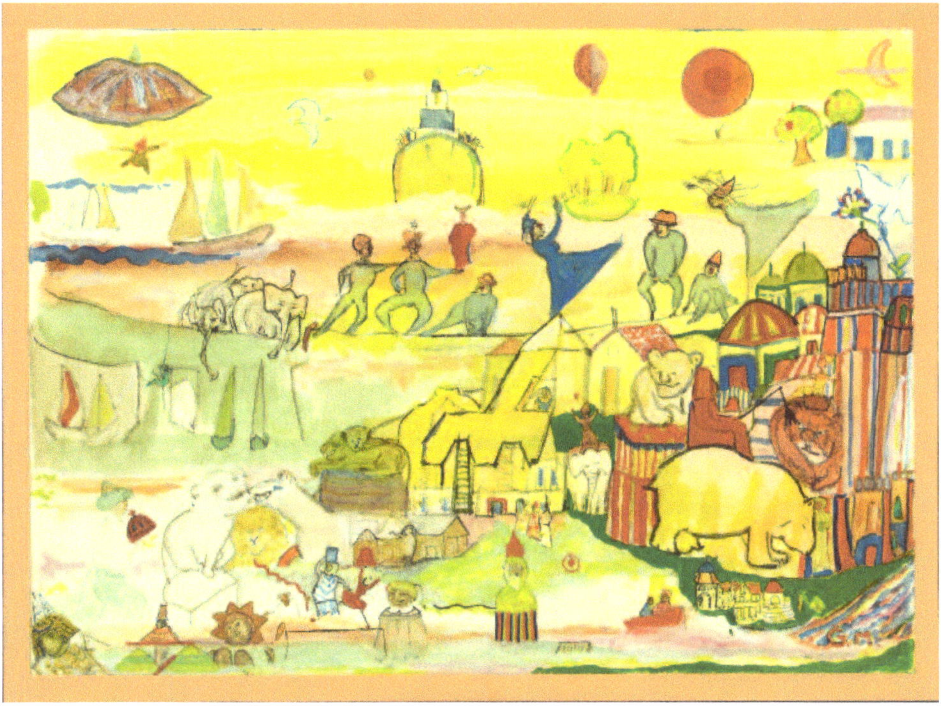

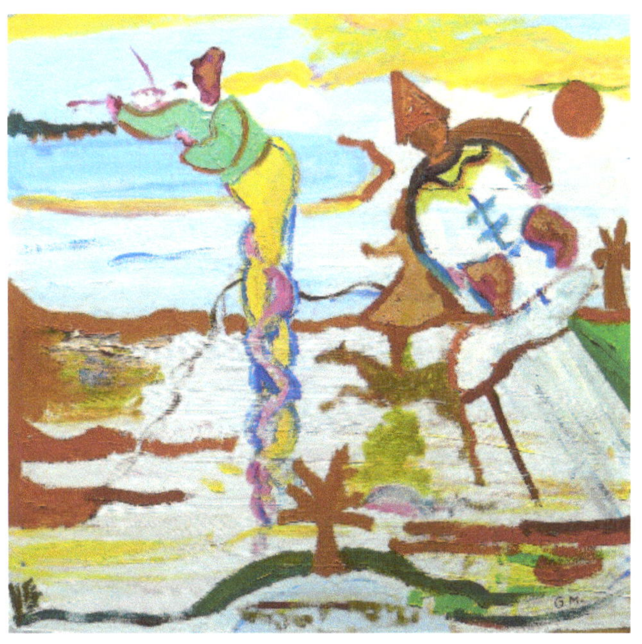

PORTRAITS OF WOMEN

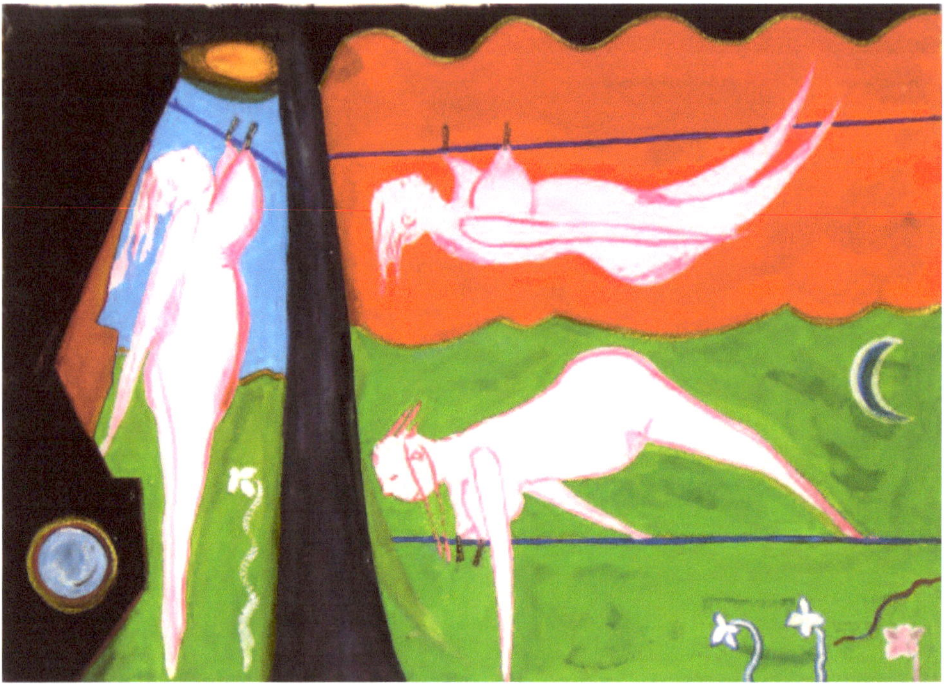

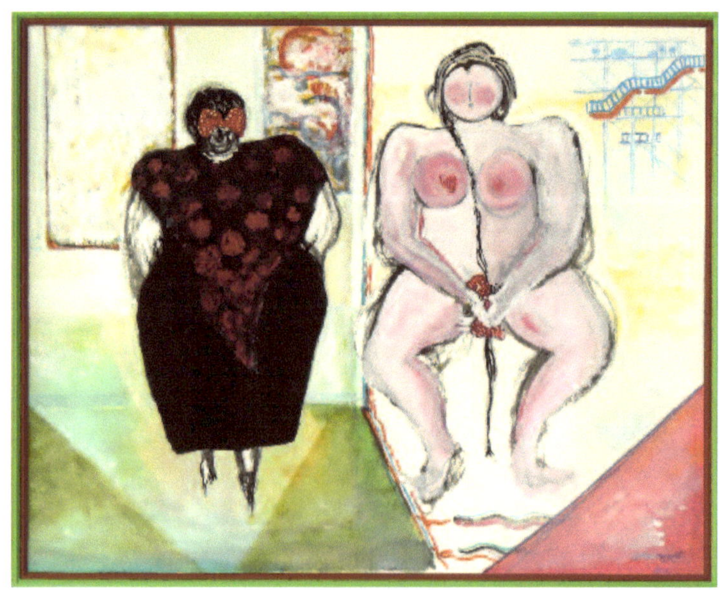

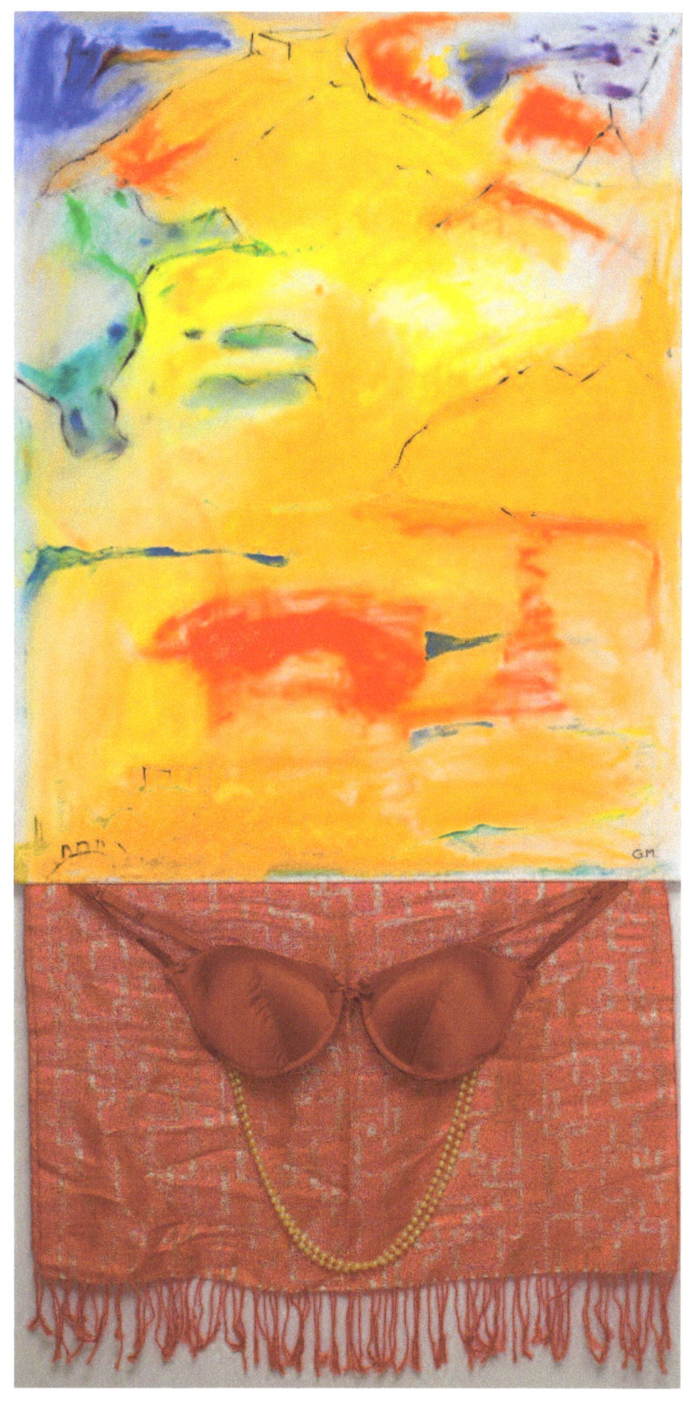

PORTRAITS OF GOING ON

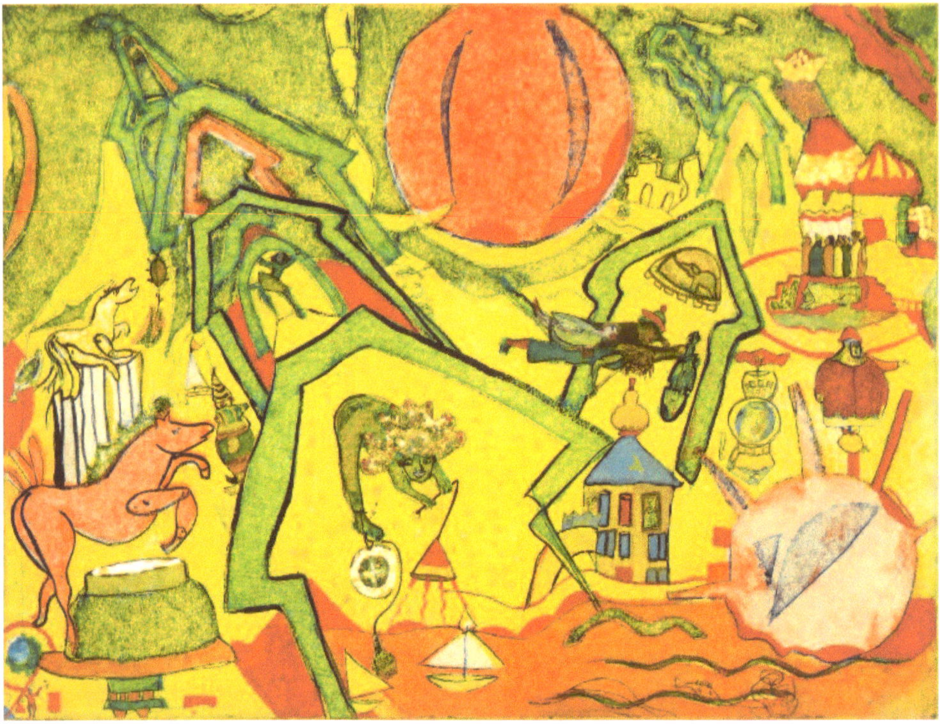

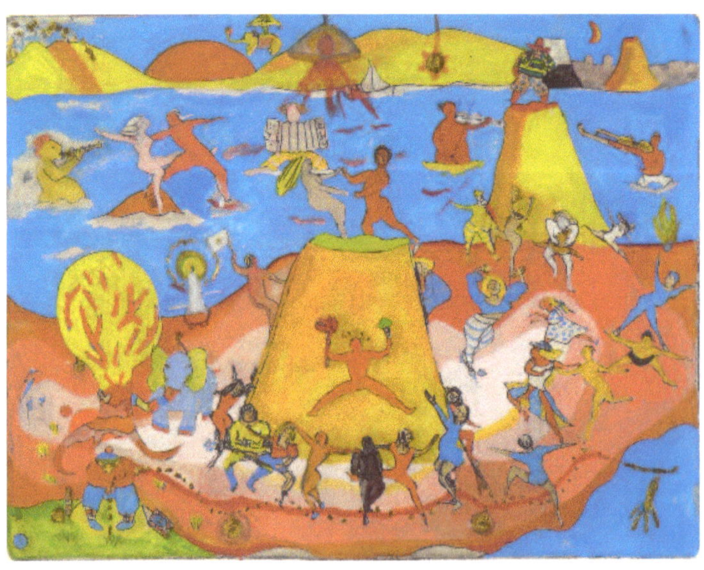

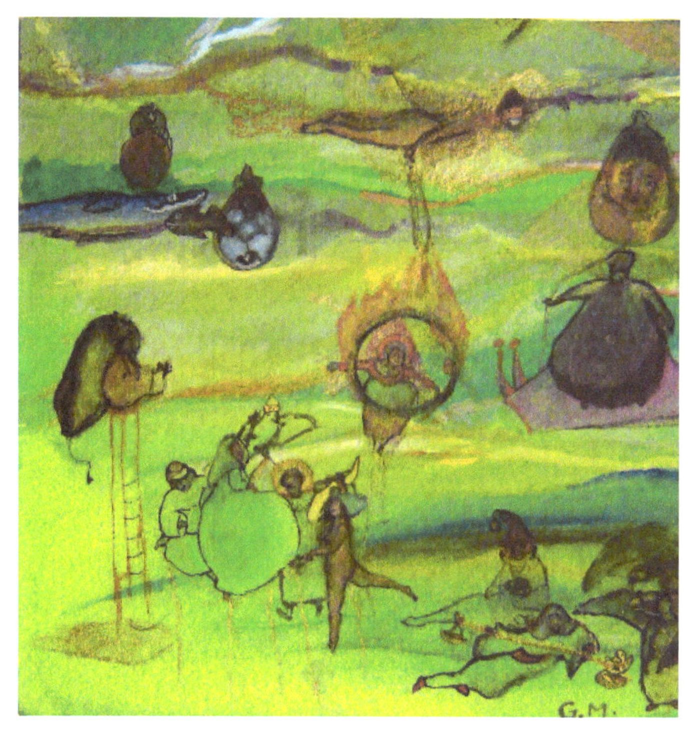

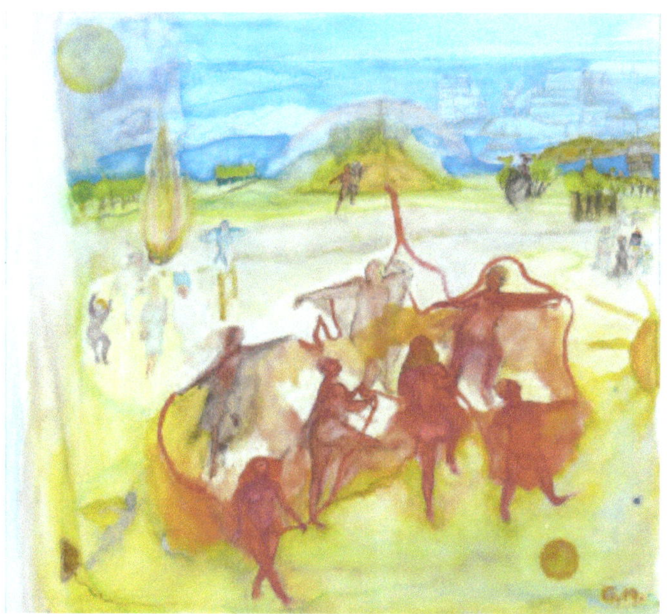

PORTRAITS OF WAKING UP

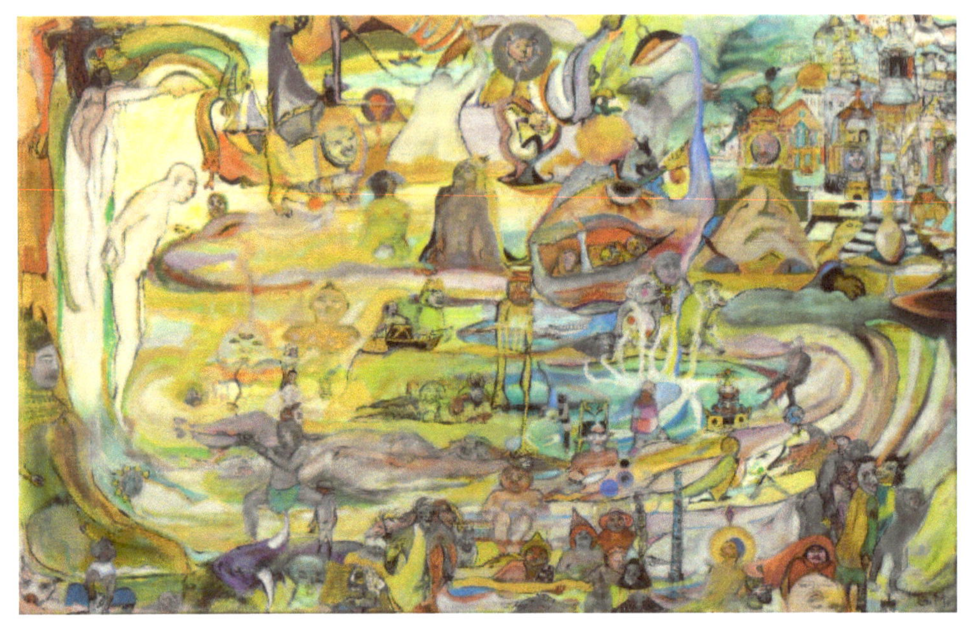

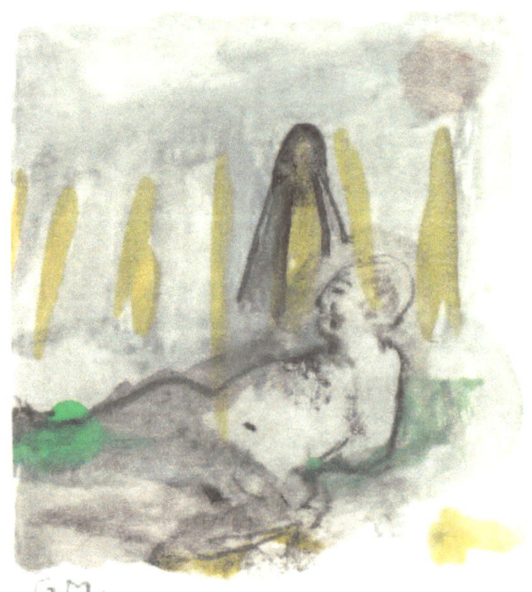

"Portraits - Gun Mattsson" is an editorial product of Studio Byblos. Every reproduction even partial of the name, of the layout and of the ways of the publication, if not authorized by Studio Byblos, will be punished according by the law. The typographic printing and the reprint of the publication is an exclusive right of Studio Byblos, which allows the diffusion of a single page or of all the publication in image format. The publication in digital platforms must occur exclusively after the authorization of Studio Byblos. The author right on the artworks are of Mrs. Gun Mattsson. The addresses of Mrs. Gun Mattsson and the images have been published according to her consent. The comment by Dino Marasà cannot be reproduced, cannot be translated or be modified, without his approval. For any dispute the Court of Palermo will be exclusively competent

"Portraits - Gun Mattsson" è un prodotto editoriale di Studio Byblos. Qualsiasi riproduzione anche parziale del nome, del progetto grafico, delle modalità di pubblicazione non autorizzata da Studio Byblos sarà perseguita secondo i termini di legge. La stampa della pubblicazione e delle ristampe è esclusiva di Studio Byblos, il quale consente la diffusione di singole pagine o del libro intero in formato immagine. La pubblicazione su piattaforme digitali deve avvenire esclusivamente con il consenso si Studio Byblos. I diritti sulle opere d'arte sono di proprietà esclusiva della Signora Gun Mattsson che ha dato il suo consenso per la pubblicazione delle stesse e dei loro recapiti. La presentazione di Dino Marasà non può essere riprodotta, modificata, tradotta senza consenso dello stesso. Per qualsiasi controversia si elegge competente il Foro di Palermo.